U0673502

# 大众创业万众创新

## 理论初探

THE THEORITICAL STUDIES
ON THE MASS ENTREPRENEURSHIP
AND INNOVATION

王昌林 主编

人民出版社

责任编辑：高晓璐

**图书在版编目(CIP)数据**

大众创业万众创新理论初探/王昌林 主编. —北京：人民出版社，2018.1
ISBN 978-7-01-018848-5

Ⅰ.①大… Ⅱ.①王… Ⅲ.①创业-研究-中国 Ⅳ.①F249.214

中国版本图书馆 CIP 数据核字(2018)第 011115 号

**大众创业万众创新理论初探**

DAZHONG CHUANGYE WANZHONG CHUANGXIN LILUN CHUTAN

王昌林 主编

人民出版社 出版发行
(100706 北京市东城区隆福寺街 99 号)

北京汇林印务有限公司印刷 新华书店经销

2018 年 1 月第 1 版 2018 年 1 月北京第 1 次印刷
开本：710 毫米×1000 毫米 1/16 印张：18.25
字数：280 千字

ISBN 978-7-01-018848-5 定价：59.00 元

邮购地址 100706 北京市东城区隆福寺街 99 号
人民东方图书销售中心 电话 (010)65250042 65289539

# 序　言

党的十九大报告指出，激发和保护企业家精神，鼓励更多社会主体投身创新创业。“大众创业万众创新”是近年来我国经济发展的一大亮点。自李克强总理在2014年9月夏季达沃斯论坛上提出“大众创业万众创新”以来，在政府的大力推动下，我国形成了新一波创业创新浪潮，对培育新动能和带动就业，推动供给侧结构性改革，促进经济稳中向好发挥了重要作用，受到国内外广泛关注。

一是促进了大量市场主体的出现。2016年我国每天新设立的企业是1.6万家，如果加上个体工商户等，每天是4万多家，市场主体在“双创”的促进下迅速增长，全国市场主体到11月末累计已经达到9697万多户，新设企业活跃度高达70%。

二是带动了就业。2016年初创企业新增招聘岗位数超过了240万，对新增招聘岗位的贡献率达到了18.7%。大学毕业生的创业率也明显提高，2016年登记的大学生创业人数达到61.5万人。参与分享经济、网络经济服务的人，都是几千万为基础，最活跃的分享经济、网络经济都和“双创”密切相关。当前就业的形势又稳又好，“双创”起了很大的作用。

三是促进了产业结构优化升级。高技术产业、战略性新兴产业2016年增长率分别达到10.8%、10.5%，比整个规模以上工业的增长率高出4个多百分点。“双创”有效促进了供需衔接，顺应了消费需求升级趋势，提供了大量的新产品、新服务，扩大了有效供给，满足了多样化的需求。支付宝、微信、滴滴出行、共享单车等重大供给创新就是典型的例子。更为重要的是，“双创”促进了人们思想观念的转变，引导全国上下以改革促创新，全社会创新，企业家精神明显增强，成为推动经济社会发展的正能量和积极因素。

当前，中国特色社会主义进入新时代，党的十九大报告对“双创”提出了新的要求。面对新的形势，要深入学习贯彻习近平新时代中国特色社会主义思想，坚持贯彻落实新发展理念，建设现代化经济体系，坚持以供给侧结构性改革为主线，深入实施创新驱动发展战略，培育融合协同共享创新创业生态环境，推动“双创”纵深发展，在更大范围、更高层次、更深程度上推动经济高质量发展，不断增强我国经济创新力和竞争力。

实施创新驱动发展战略，推进“大众创业万众创新”前景广阔，潜力巨大，大有作为。中国宏观经济研究院课题组密切关注“双创”的实践进展，通过一年多的持续调查研究，对“大众创业万众创新”理论进行系统梳理和总结，形成了28万字的报告。这是一项具有重要意义的理论探索，也是一次对我国“双创”发展理论和实践的系统总结，相信该书会带给广大读者诸多启迪和收获。

宁吉喆

2017年12月

（宁吉喆，国家发展和改革委员会党组成员、副主任，国家统计局党组书记、局长）

# 前　言

党的十九大确立了习近平新时代中国特色社会主义思想，勾画了今后一段时期我国经济社会发展蓝图，明确提出创新是引领发展的第一动力，是建设现代化经济体系的战略支撑，要加快建设创新型国家，鼓励更多社会主体投身创新创业。这是以习近平同志为核心的党中央立足中国特色社会主义新时代，针对我国社会主要矛盾的变化作出的重大战略部署，具有十分重要的现实意义和深远的历史意义。

“大众创业万众创新”（简称“双创”）是我国推动社会主体投身创新创业的重大行动，“双创”从提出到实践已经整整三年，取得巨大成效。正如李克强总理在2014年夏季达沃斯论坛上所言，中国960万平方公里土地上迎来了新一波大众创业、草根创业的浪潮，形成万众创新、人人创新的新态势。“双创”行动对中国乃至世界都产生了深远的影响，联合国大会将“双创”理念写入相关决议，呼吁世界各国大力支持创新创业，世界经济论坛主席施瓦布把“双创”作为新时期增强中国引领第四次工业革命能力的成功秘诀。同时，社会上对“双创”也存在不同认识，对怎么抓也存在一些误区。“双创”到底是什么？在国民经济社会发展中起什么作用？与创新驱动发展战略和供给侧结构性改革是什么关系？在推动“双创”中政府究竟抓什么？这些问题迫切需要从理论上进行回答。

中国宏观经济研究院是国内较早跟踪研究“双创”的国家高端智库。受国家发展改革委高技术司委托，2015年、2016年、2017年连续三年组织各机构编写《中国大众创业万众创新发展报告》，组织专家对国家首批和第二批“双创”示范基地工作方案进行咨询指导。为帮助社会各界更好地认识“双创”、理解“双创”，2016年下半年，王昌林常务副院长牵头组织“双创”课题组，对“双创”的若干基本理论问题开展系统研究。课题组在全面梳理国内外关于创新、创业及相关理论基础上，到北京中关村、上海、广州、深圳、杭州、成都、西安和美国硅谷等国内外典型创新创业地区开展实地调研，召开多次座谈会，就“双创”的若干重大理论问题进行研讨。经过近一年的努力，形成了十章近20万字的研究成果。

研究成果内容大致可分为三个部分：第一部分由第一章到第五章构成，主要论述了“双创”的内涵与重要特征，以及在国民经济社会发展中的作用。第一章开门见山地指出，“双创”实质上是一个改革，首要在“创”，核心在“众”，始终强调“联动、融入、结合、协同、共享”，是富民强国的事业和发展大计。这是对“双创”的一个基本认识。第二章从经济发展角度，重点论述了“双创”在拉动经济持续增长和推动经济结构调整的主要作用。第三章从社会就业的角度，重点论述了“双创”带动就业的主要方式和在促进社会纵向流动中起到的突出作用。第四章重点阐述了“双创”与创新驱动发展战略之间的关系，指出“双创”是实施创新驱动发展战略的重要抓手，论证了“双创”在强化企业作为创新主力军的地位、推动科技成果转化为现实生产力、夯实创新驱动发展人才教育基础中的重要作用。第五章重点阐述了“双创”与供给侧结构性改革之间的关系，指出“双创”是推进供给侧结构性改革的重要体现，论证了“双创”在供给和需求、服务业和制造业、小微企业和大企业等供给侧结构性改革中的支撑作用。

第二部分由第六章和第七章构成，主要就当前亟须解决的两个重要理论问题进行了研究。其一是用什么指标来刻画“双创”活动和成效。在借鉴全球创业观察（GEM）创业指标、经济合作与发展组织（OECD）统计的创业指标、全球创业与发展指数（GEDI 指数）、考夫曼创业活动指数（KIEA 指数）、世界银行集团创业调查（WBGES 指数）、全球创新指数（GII）等重要创新创业指数与指标的基础上，课题组提出了一套反映“双创”运行与发展情况的指标体系和综合指数，作为国家推动“双创”的风向标和指挥棒。其二是对“双创”生态系统进行了深入研究。在总结分析国内外创新生态系统和创业生态系统的有关研究基础上，提出了“双创”生态系统的分析框架，认为“双创”是由创新创业机构、要素及其结构、运行机制和环境构成的统一整体，可以形象地表述为：创新创业生态系统=机构/要素+结构+机制+环境。并按此框架分析了我国创新创业生态系统的优势和“短板”，提出了完善我国创新创业生态系统的思路与举措建议。

第三部分由第八章、第九章和第十章构成，分别就构建适应“双创”发展的财税政策体系、金融体系和文化氛围进行专题研究。第八章对财政政策和税收政策的激励效应进行了详细描述，指出应构建全视角、多功能的财税政策体系来支持“双创”，并提出了鼓励创新创业机构发展、提高创新创业要素配置效率、优化纳税服务等主要任务。第九章对全面、有效的金融体系在推进“双创”中的作用机理进行了详细论述，提出构建适应“双创”发展的金融体系的基本原则、主要内容和政策建议。第十章对我国的“双创”文化追根溯源，系统阐述了传统创新创业文化和当代创新创业文化的精髓和特质，提出新时期培育“双创”文化“政府动起来、载体找出来、勇气引出来、人才引进来、品牌树起来”的基本思路。

本书是中国宏观经济研究院第一本公开出版的“双创”理论研究成果。国家发展改革委领导和高技术司给予了高度关注和大力支持。王昌林负责总体思路、框架设计和导论执笔，其他章节执笔人分别是：第一章张铭慎，第二章刘国艳，第三章李清彬、王阳，第四章姜江，第五章盛朝迅，第六章王昌林、邱灵、张铭慎，第七章王昌林、张铭慎，第八章刘方，第九章李世刚、王元，第十章曾红颖。罗蓉、刘国艳、蒋同明负责全书统稿和出版工作。

由于我们的知识和认识所限，目前对“双创”的理论研究仍在起步阶段，敬请读者不吝批评指正。今后，我们将进一步深化该问题研究，并出版相关研究成果，以飨广大读者。

编　者

2017 年 10 月

# 目　录

# 导　论

近年来，我国“大众创业万众创新”蓬勃发展，形成新一波创新创业浪潮，为推动经济增长稳中向好、促进就业增加发挥了重要作用。支付宝、共享单车、微信等重大供给创新就是最典型的例子。然而，现在社会上仍有部分人不理解“双创”，存在一些误区甚至误解。特别是在中国特色社会主义进入新时代，对“双创”工作究竟应该怎么看？它与建设现代化经济体系是什么关系？在推动“双创”中政府应该抓什么？这些问题迫切需要从理论和实践层面进行回答。

## 一、“双创”是什么

“双创”是指“大众创业万众创新”，它是由两个主谓结构的词组来表达的。主语是大众和万众，大众是指大量的人去创业，强调了民间性、草根性。万众是指千百万的公众参与创新，强调了创新的广泛性、群众性。两个谓语是创业和创新，创业主要是指创办新企业，创造出新的产业。创新主要是指创造新的技术、新的产品、新的业态和新的模式，包括技术创新和商业模式创新。

**“双创”的核心在“众”，关键在“创”**。“众”就是要集众智汇众力，是“创”的主体，是核心的、不可缺的，离开了“众”，“创”就无从谈起。同时，只有“众”是不够的，关键在“创”，“创”是“众”的灵魂，缺少了“创”，就难以形成持续推动人类社会进步的力量。

**“双创”实质上是一个改革**。“双创”不仅仅是推动大众参与创新创业，也不仅是建设众创空间等平台，更是对已有体制机制、文化氛围的系列变革和重塑。在推进“双创”的过程中，离不开打破制度藩篱，离不开全面深化改革。所以“双创”实质上是一个改革，是要用改革的方法激发市场主体的活力，发挥市场配置资源的决定性作用。

## 二、“双创”在经济社会发展中有什么作用

**“双创”是经济发展的不竭动力**。人类社会发展史，实际上就是一部“大众创业万众创新”的历史。从火的发现到工具的使用，从蒸汽机到互联网，从手工生产到大规模制造，从大批量市场到电子商务，从早期平原上的定居者到近代的创业企业，创新创业是人类文明进步的不熄引擎，是引领经济发展的第一动力。我国改革开放以来的发展历史也是一部“大众创业万众创新”的历史，从 20 世纪 80 年代初的农民创业，到后来的科技人员和国有企业员工“下海创业”，再到大量海外留学生回国创业，这几波创业创新浪潮极大促进了我国经济发展。现在民营企业对我国国内生产总值贡献超过 50%，提供了 80%的城镇就业岗位，吸纳了 70%以上的农村转移劳动力，新增就业 90%在民营企业，专利申请量是国有和集体企业的一倍。

**“双创”是扩大就业、提高人民生活的根本途径**。在 19 世纪以前，全世界人口不到 10 亿，平均寿命只有 40 多岁，人均收入平均不到现在的 5%，电力、电话、汽车、计算机、互联网、乘飞机旅行等几乎不可想象。但到了今天，全球人口超过 70 亿，人均寿命平均达到 70 多岁，人类已步入电气时代、汽车社会和互联网经济。取得这样的巨大进步，归根到底都是人类不断创新、艰苦创业的结果。近年来，我国“双创”蓬勃发展，对扩大就业、增加人民收入也发挥了重要作用。据统计，目前新登记企业一年吸纳的就业超过 1000 万人，已经成为创造物质财富和精神财富的重要途径。

**“双创”不只是 GDP，更重要的是弘扬创新创业精神**。应该说，从短期看，抓“双创”对 GDP 的贡献不是很大，但它是创新的种

子，是一个国家、一个地区赢得未来的关键。更重要的是，抓“双创”有利于培育创新创业文化，激发创新和企业家精神，既关乎当前，也关乎长远。

## 三、“双创”与供给侧结构性改革的关系是什么

供给侧结构改革是当前和今后一个时期我国经济工作的主线，主要包括三个层次的任务：一是在产业层面，要推进传统产业优化升级，加快发展现代服务业，培育发展壮大新兴产业，振兴实体经济；二是在生产者层面，要推进国有企业改革，大力培育发展创新创业企业，优化企业结构，形成“顶天立地”和“铺天盖地”的企业体系；三是在要素层面，要建设知识型、技能型、创新型劳动大军，提高金融服务实体经济水平，提高技术供给能力。同时，要加强水利、铁路、公路、数字经济等基础设施网络建设。这三个层次是一个递进的关系，即生产要素投入到企业，企业生产出产品和服务，形成产业，从而推动经济增长。从近期看，主要是要抓好“三去一降一补”工作；从长期看，重点是要抓好改革和创新，增加制度供给，推动供给创新和变革。

“双创”对上述几个方面都有重要影响，既有利于增加新的产品和服务供给，推动传统产业转型升级。也有利于促进新企业的诞生，增加新技术、创业投资等要素供给，为经济活动注入新的动能。支付宝、微信、共享单车等重大供给创新就是典型的例子。例如，支付宝近年来迅速走入人民生活，推动了我国金融的支付变革，促进了电子商务、数字经济的迅猛发展。又如，微信极大方便了人们交流和工作，已汇聚了超 1000 万的公众账号，一年带动信息消费 1000 多亿元，并促进智能手机等制造业发展。再如以共享单车为例，据

中国自行车协会统计，2016 年共享单车投放 200 万辆，2017 年投放 2000 多万辆，已有 30 余家企业投身共享单车行业，百万余辆单车进驻全国至少 30 个城市。共享单车的发展使传统的自行车行业焕发生机，同时解决了出行的“最后一公里”，大大提升了人们的出行效率，减少了污染排放。

因此，“双创”是深化供给侧改革的重要抓手。抓“双创”就是抓供给创新。它既能在服务业大显身手，也在制造业彰显威力，推动产业向形态更高级、分工更优化、结构更合理的阶段演化；既是小微企业成长之路，又是大企业兴盛之道，有利于形成大中小企业协同发展的格局。

## 四、“双创”与实施创新驱动战略的关系是什么

实施创新驱动发展战略，建设创新型国家，需要充分发挥大学、科研机构、企业、政府等各个“方面军”的作用，要加强基础研究和关键技术研发，培养造就一大批高水平人才和创新团队，完善国家创新体系。但最关键的是培育发展创新型企业，因为企业是“主攻部队”，是创新的“发动机”，高等院校和科研机构主要是为企业创新提供“粮草”和“炮弹”，政府的主要作用是创造良好的政策环境和体制环境，为企业和科研机构创新助油添力。只有通过企业，创新驱动发展战略才能“落地”，才能推动我国经济发展质量变革、效率变革、动力变革。

一方面，要大力推动初创企业不断涌现和规模化发展。大量实践和研究都表明，初创企业是创新的源泉，许多新的产品和服务都是首先通过初创企业推向市场的。比如，信息技术革命主要就是由惠普、英特尔、微软等一大批当时的小微企业直接发动和推动形成

的。另一方面，要推进大企业创新创业。发挥大企业的市场渠道、资源等优势，围绕全产业链需求，创办孵化器，培育科技型创业企业并形成集聚效应。

因此，“双创”是实施创新驱动战略、建设创新型国家的重大行动。而且，还要看到，当前我国产业技术水平与发达国家的差距正在缩小，进入更多需要引领创新的阶段，需要有大量中小企业去“试错”，创新政策的重点要转向扶持中小微企业，这也是发达国家推进创新型国家建设的重要经验。

## 五、“双创”如何评价

目前，国内外对创新和创业的评价有大量研究，但对“双创”尚无统一的评价指标。根据“双创”的内涵和特征，结合国际上对创新创业的评价指标，“双创”成效主要应从以下几个方面来进行评价：

一是新创办企业情况。这是衡量创业发展情况最直接的指标。国际经验表明，一个国家新创办企业的数量多少、拥有企业的密度高低，是反映创新发展水平和经济繁荣程度的重要标志。具体指标包括新登记市场主体特别是新创办企业数量及其增长率、独角兽企业[①]数量及其增长率等。

二是创业投资发展情况。这是国内外公认的衡量创业创新活动情况的重要指标，也是相对比较真实、比较“硬”的指标，被认为是创业创新情况的“晴雨表”。具体指标包括创业投资规模及其增长率、创业投资规模占一个国家或地区的比重等。例如，2015 年硅谷地区创业投资规模为 245 亿美元，占美国的 40%以上，因此硅谷是

① 独角兽企业：指那些估值在 10 亿美元以上的初创企业。

美国创新创业最为活跃的地区。2016 年北京市创业投资 458 亿元，占全国的 35%。

三是并购与上市情况。这是反映创业企业成长状况的指标。一般而言，创业企业发展要经过种子期、初创期、成长期和成熟期四个阶段。创业企业被收购，或实现新三板挂牌和首发上市（IPO），是创业成功的重要标志。

四是创新活动情况。科学研究、技术发明和转移转化是创业的重要基础和支撑。同时，创业也会加速科技成果转化，促进创新发展。因此，专利和技术转移转化是衡量“双创”发展的重要指标。

五是带动就业情况。这是衡量创业成效的重要指标。同时，这个指标也能够反映“双创”形势的好坏，当创业创新形势好的时候，创业企业招人数量就多，反之就少。

## 六、如何营造良好的“双创”生态系统

国内外大量的实践和研究表明，一个国家、一个地区的创业创新成效关键在于是否具有适宜创业创新的生态系统。这就像庄稼要长得好，必须要有肥沃的土壤、必要的水分、合适的阳光和空气等一样。然而问题是，创新创业的生态系统究竟是什么呢？这要具体化来看，不能仅停留在抽象概念上。

综合国内外研究，我们认为创新创业生态系统有四个基本维度：第一个维度是“机构/要素”，包括技术、人才、资金等资源及其相关的大学、科研机构、企业等行为主体的数量和质量；第二个维度是“结构”，是指这些要素和机构是按照什么比例进行配置的，不同的组合决定了系统的运行效率；第三个维度是“机制”，主要是指这些要素和机构的运行机制，包括协调机制、动力机制等，它决定了

创业创新要素资源能否有效配置和有序流动；第四个维度是“环境”，主要包括公平竞争的市场环境、营商和法制环境、政策环境、创业服务环境、创业文化环境等。可以形象地表述为：“创新创业生态系统=机构或要素+结构+机制+环境”。

在这四个维度中，“机构和要素”是基础，“结构”和“机制”是关键，“环境”是保障。一个充满活力的创新创业生态系统不仅需要“肥沃”的“要素和机构”，而且若要有合理的结构，还应有合适的机制把研究机构、创业者、现有企业和投资者有效联系起来，形成统一整体，产生协同效应。硅谷是这方面的典型案例。美国硅谷不仅拥有一流的研究型大学和科研机构，大量的金融机构、服务供应商和其他支持机构，更拥有一批来自世界各地的优秀的创新创业人才。其中既有创业大企业，也有大量中小微初创企业，形成了“顶天立地”与“铺天盖地”的企业体系。人才结构以移民为主，每五个人中要么是创业者、要么是在创业企业工作；技术转移机制比较健全，大学、科研机构与产业界有紧密的联系，还有健全的创业创新网络和协同发展机制；拥有浓郁的创业创新文化和完善的创业服务环境。

但大量的研究和实践表明，不是每个地区都能像硅谷那样，建立完善的创业创新生态系统，也没有简单可复制的成功模式。对于一个地区来讲，关键是要因地制宜，根据自己的资源特点建立具有自身特色的创业创新生态。以深圳为例，深圳并没有一流大学和科研机构，但大量创业者选择去深圳，这是为什么？重要原因是深圳具有独特的创新创业生态环境，其主要特点是：深圳是个年轻的移民城市，每个人都有创新的基因。在深圳大家谈得最多的是如何合伙创业，人们有一种创业的冲动；深圳产业配套能力较好；在深圳只要有好的创意，就能够找到合适的人才和团队；深圳创业资本比较活跃，国际化程度较高等。

## 七、如何构建适应“双创”发展的金融体系

“双创”的特点是初创企业多、中小微企业多，发展的不确定因素多，具有较大的风险，同时还存在知识产权等“软资产”较多、固定资产等传统实物抵押品少的特征。针对这些特点，需要建立适应“双创”发展要求的金融体系。

从国际上看，大多数初创企业主要依靠债权和股权融资，而且在企业发展不同阶段，对资金的需求和融资方式选择也不同。一般来说，处于种子阶段的企业资金需求不是很大，但投资风险很高。这一阶段企业的资金来源主要是依靠自有资金、政府引导基金和天使投资。处于创建阶段的企业已完成从样品开发到企业经营计划的建立工作，着手组建企业、组织生产和建立商业模式，此时企业对资金的需求较大，同时风险也很高。这一阶段企业的资金来源以风险投资为主。处于成长阶段的企业重点在于开发新产品，扩充生产规模。此时企业资金需求较大，但相对风险较小。这一阶段企业的资金来源主要通过上市融资或银行贷款为主。根据这些特点，在长期的发展过程中，发达国家逐步建立了比较完善的支持创新创业的金融体系。

近年来，我国“双创”融资体系不断完善，但创新创业资金缺乏特别是处于种子期企业融资难的问题仍然比较突出。现行金融体系仍然以间接融资为主，直接融资比例较低，不适应创新发展的要求。应着力推进金融创新，进一步支持天使投资和创业投资发展，加快推进股票发行注册制改革，发展多层次资本市场，积极引导各

类金融机构进行产品和服务创新，建立安全、有效、竞争的“双创”金融服务体系。

## 八、如何营造良好的创新创业文化

创新和企业家精神对一个地区的创新创业也非常重要，它就好比一个自然界生态系统的空气一样。然而，创新创业文化是如何形成的呢，或者说，如何营造良好的创新创业文化呢？

这取决于多方面的因素，其中一个重要方面是与一个地区经济结构及其历史文化有很大关系。比如，深圳的企业结构以创新创业企业为主，既有像华为那样的大企业，也有像华大基因那样的高成长企业，还有大量中小微企业，形成了“6 个 90%”（90%的创新企业是本土的企业，90%的研发人员在企业，90%的研发投入来源于企业，90%的专利产生于企业，90%的研发机构建在企业，以及90%以上的重大科技项目由龙头企业来承担）在企业的创新要素结构，进而使市场机制在资源配置中发挥决定性作用。深圳的人口结构以移民为主，主要在创业企业工作，不仅广泛流传着任正非、王传福、马化腾、汪建等企业家创造财富的神话，更有大量不同背景的创客们在这里创业成功、失败、再成功的故事循环上演，一次又一次印证了真正的创新人才应该是经历重于资历、能力重于学历。在这样的创新要素结构和环境下，自然就有强烈的创新和企业家精神。

中关村也是创业创新氛围比较浓厚的地区，拥有诸多结构性优势和特色。比如，北京是全国的政治、科技、文化中心，中关村是“知识城”，拥有全国最高端的教育、医院、文化等资源，对创业者具有很强的吸引力；中关村地区拥有联想、百度、新浪、小米等一批创业型大企业和一批成功创业者，逐渐成为后来创业者的母体和导师，形成了“联想系”“百度系”“新浪系”等创业群落。在中关村，只要有好的创意，就能够比较容易找到合适的人才和团队；中关村创业服务体系比较完备，拥有车库咖啡、36氪、联想之星、创新工场、创客空间、天使汇、3W咖啡等一批孵化器，创业投资比较发达。另外，中关村地区也是移民文化。但与深圳不同的是，中关村地区集聚了一批国内顶尖的大学和科研院所。因此，中关村地区既具有浓厚的创业文化，也有浓厚的科研文化，既是创业之城，也是“知识城”。

因此，营造良好的创新创业文化，关键是要优化一个地区的创新创业要素结构。重点是要提高创新创业经济和创业创新人才的比重。这样，新的企业、新的产品、新的业态、新的模式就能如雨后春笋般不断地冒出来。

# 第 一 章

# “双创”的科学内涵与重要特征

党的十八大以来，在全球经济持续分化、我国经济进入新常态的大背景下，党中央作出实施创新驱动发展战略、建设创新型国家等一系列重大决策部署。在中国特色社会主义进入新时代的关键时点，党的十九大再次提出要把创新作为建设现代化经济体系的战略支撑，并鼓励更多社会主体投身到创新创业中。在新的历史条件下，创新与创业正日益成为壮大发展新动能、加速经济转型升级和提质增效的重要途径。

2013 年全球创业周中国站在上海开幕，习近平总书记在贺信中明确提出，创新是社会进步的灵魂，创业是推动经济社会发展、改善民生的重要途径。李克强总理在 2015 年夏季达沃斯论坛上指出，经济增长的新动能，就是我们在致力推动的“大众创业万众创新”。2017 年 4 月，习近平总书记在视察广西时再次强调指出，创新是引领发展的第一动力，创新和创业相连一体、共生共存。这些论断充分揭示了创新与创业的辩证统一关系，也深刻表明我们对创新创业的认识已经步入新阶段。近年来，“大众创业万众创新”蓬勃发展，我们越来越认识到，它不是一个活动，而是一项事业；不是权宜之策，而是发展大计。“大众创业、万众创新”（以下简称“双创”）具有深刻的科学内涵，准确把握其内涵与实质，对于推动“双创”科学发展、促进中国经济转型升级与提质增效具有重要意义。

——“双创”顺应改革导向，尤其强调政府的自我改革，着眼于用改革的方法释放市场潜力，是理顺政府与市场关系的一次升华。

——“双创”符合发展规律，将“创”与“众”有机结合，着眼于激发大众的创新创业精神，是对经济增长规律认识的不断深化。

——“双创”立足基本国情，强调“联动、融入、结合、协同、共享”，着眼于践行新发展理念，是对经济社会发展本质的进一步揭示。

——“双创”契合时代主题，把强国富民作为依归，着眼于国家繁荣发展与个人价值实现，是对实现中华民族伟大复兴中国梦的路径诠释。

## 第一节　“双创”实质上是一个改革

“双创”是一个典型的新生事物，不可避免地给固有观念和现存制度带来冲击。它不仅改变了人们对于创新创业的理解与看法，也促使政府开始审视那些不适应信息经济时代和不利于“双创”发展的体制藩篱与政策障碍。“双创”不仅仅是推动大众参与创新创业，更是对已有体制机制、文化氛围的系列变革和重塑。在将“创”与“众”充分结合的过程中，离不开打破制度藩篱，离不开全面深化改革。所以，“双创”实质上是一个改革，而且更强调政府的自我改革，着眼于用改革的方法释放市场的潜力，是理顺政府和市场关系的一次升华。

### 一、“双创”推动观念更新

“双创”在观念层面缩短大众与创新创业的距离，是一场重大的理念变革。“观念”一词源自古希腊的“永恒不变的真实存在”，它同物质和意识、存在和思维的关系密切。在《辞海》中，观念有两层含义，一是思想意识，例如破除旧的传统观念；二是客观事物在人脑里留下的概括的形象。通常而言，观念就是人们在长期的生活和生产实践当中形成的对事物的总体的综合的认识。它一方面反映了客观事物的不同属性，同时又加上了主观化的理解色彩。

受过去固有观念的影响，社会大众对于创新创业的理解还不够深入。例如，人们往往将创新与“爱迪生”“科学家”“做实验”“写论文”“发明”“尖端与前沿”“高科技”这些人名、场景与概念联系在一起，所形成的碎片化图景设定了普通人距离创新很远的主观判断。再如，许多家长对子女的期望是“找份好工作”，而往往不倾向于子女“自主创业”，社会大众往往将“创业”看作“不安分”或者是“找不到事”“混不下去”的被动选择，对创业的社会认可度较低。“双创”的推进，将“创”与“众”有机结合，使创新创业成为更多社会大众的选择。创新不是科学家和社会精英阶层的专利，也不是被束之高阁、晦涩难懂的专利和论文，它涉及新工艺和新产品的构思、开发与普及，是深入“草根阶层”的自主创新。创业不再是“不务正业”的代名词，而是值得尊敬的追求和更好人生价值的选择。在创新创业大浪潮中，社会对创新创业的认可度明显提升，尊重企业家、崇尚企业家精神的风气正快速形成，在观念层面缩短大众与创新创业的距离。

## 二、“双创”推动制度创新

“双创”在制度层面拆除大众与创新创业的藩篱，是一次深刻的制度变革。制度创新，本质上是通过设立新制度或改变旧制度，使已有的制度体系或规范更有利于社会实现持续发展和加速变革。它涵盖范围极广，既包括国家层面的宏观制度，也包括企业层面的微观组织；既包括经济体制方面，也包括政治、文化、法律等相关方面。制度创新与科技创新具有高度因果相关性。一方面，科技创新会深刻影响制度变革，催生新制度，诱发制度创新；另一方面，制度创新也会对科技创新产生促进作用，对创新主体产生激励，激发科技创新。

通常而言，只要是“创”会遇到制度门槛，一旦“创”与“众”相结合，制度门槛会更加凸显。例如，对“创”而言，创业本身会遇到商事制度改革问题，创新会遇到监管体制问题和科技管理体制问题。一旦与“众”紧密结合，这些问题就会更加多元和复杂。例如，科研人员参与创业会涉及身份转换等科研管理体制问题，农民工参与创业会遇到户籍体制问题，海外人员参与创业会遇到移民管理体制问题，大学生参与创业会遇到学籍管理体制问题。“众”不仅指群体，还指创新创业方式和业态的多元。例如，对共享经济新业态，制度改革涉及如何探索包容而有效的审慎监管方式，引导和支持其健康发展。因此，“双创”必须要坚持改革推动，以市场活力和社会创造力的释放促进生产力水平迈上新台阶、开辟就业新空间、拓展发展新天地，通过政府放权让利的“减法”来调动社会创新创造热情的“乘法”。

“双创”将“放管服”改革作为全面深化改革的突破口，推动垄断行业改革，实施市场准入负面清单制度，出台互联网市场准入负面清单，放宽民间资本市场准入，扩大服务领域开放，推进非基本公共服务市场化、产业化和基本公共服务供给模式多元化。深化科技体制改革，将财政资金支持形成的，不涉及国防、国家安全、国家利益、重大社会公共利益的科技成果的使用权、处置权和收益权，全部下放给符合条件的项目承担单位。深化高等学校创新创业教育改革，实行弹性学制，放宽学生修业年限，探索启发式、讨论式、参与式小班化教学和非标准答案考试，将创新实验、发表论文、获得专利和自主创业等情况折算成学分，把参与课题研究、项目实验等活动认定为课堂学习。同时，选择基础较好地区开展试点示范，在京津冀、上海、广东、安徽、四川和武汉、西安、沈阳等8个区域系统推进全面创新改革试验，在全国布局120家“双创”示范基地，鼓励在信用体系建设、知识产权保护、人员自由流动、科技成果转移转化等方面先行先试，倒逼各级政府不断提升现代化治理水平。

## 三、“双创”汇聚共闯改革的大众力量

通过让大众参与改革、用改革回应大众，“双创”形成了共闯改革的大众力量，为进一步理顺政府与市场关系创造了条件。一方面，尊重和发挥大众的首创精神；另一方面，推出符合民众期待的制度改革，提升改革的有效性与合意性。总体来看，“双创”依靠市场内在动力和群众激情，促使理顺政府与市场的关系换角度、换思维、换观念。

作为一个处于赶超阶段的转型大国，“自上而下”的制度创新占据了主要地位，也发挥了巨大作用。但随着社会主义市场经济不断完善，制度创新也应更加重视“自下而上”。我国改革已步入深水区，有许多险滩、激流和暗礁，需要万众一起闯、一起改。“双创”在改革路径方面更突出将“自上而下”与“自下而上”的路径有机结合。尽管推动“双创”的诸多改革举措是通过政府强制手段颁布实施的，但从着眼点来看都是回应群众在创新创业过程中遇到的困难，有的还是对地方改革的追认并将其上升至国家层面予以统筹推进。例如，出行领域出现的市场化运营的分享型出行平台，实质上是市场主体倒逼交通管理体制变革的体现，在经历不断博弈之后，相关平台从原来的非法运营变成合法创新，并成为分享经济发展中一个十分耀眼的领域。在科技成果转化领域，各地围绕现有法律在成果所有权方面尚有探索空间的前提下进行大胆尝试，也取得了可

圈可点的成果。在改革的过程中，制度创新是否合意，关键是比较创新的成本和收益，制度供给与制度需求的耦合程度是影响两者关系的重要因素。当耦合较差时，社会主体对新的制度供给会产生抵制，执行力度会明显削弱，制度供给的有效性会明显降低，制度创新的成本会大幅升高。“双创”打通了“自下而上”的制度创新路径，既立足统筹国家全局、又着眼回应基层关切，大幅提升了制度创新的合意性和制度供需的耦合性，从而使制度变迁的成本大幅降低。从这个角度来看，“双创”很好地结合了“强制性制度变迁”与“诱致性制度变迁”两者的优点。这种结合的另一优点是有利于汇聚大众力量，防止改革陷入“路径依赖”。制度理论认为，由于规模经济、学习效应等正反馈机制的存在，制度变迁往往具有路径依赖特征。改革开放以来，中国的巨大变化为宏观制度的改革和完善提供了基础和资源，但既有的制度框架和特点会形成制度变革的“路径依赖”。人民群众是最富创造力的历史主体，当“众”与“创”充分结合，将会衍生出无数的新方向、新模式、新内容，这些新生事物会对已有制度不断构成挑战和冲击。只要存在不断改进的制度变迁，避免制度惰性与被“锁定”的风险就会大大降低。党的十八大以来，我国以行政审批体制改革为突破口，加快完善社会主义市场经济体制，有效地激发了经济发展活力。坚持简政放权，全方位释放市场潜力。“双创”涉及的改革领域很多，如科技体制、国企改革，但最直接的是行政审批体制改革。为了推动“双创”，本届政府成立伊始就积极实施结构性改革，以行政审批体制改革为突破口，通过简政放权、放管结合、优化服务，不断降低创新创业的门槛，破除不利创新创业的制度瓶颈与政策障碍，同时采取措施有针对性地扶持大数据、云计算、电子商务等新技术、新业态。事实表明，推进“双创”，强化“放管服”改革，其结果是众创、众包、众扶、众筹等一大批新模式得到了广泛应用。

### 制度变迁的分类及成功因素

制度经济学理论将制度变迁按照发生原因分为诱致性制度变迁与强制性制度变迁两类，大体对应“自下而上”与“自上而下”两类制度创新路径。其中，诱致性制度变迁是人们为争取和实现获利机会过程中自发倡导和组织实施的对现行制度的变更或替代，具有自发性特点。强制性制度变迁是指由政府充当第一行动集团，通过行政权力和立法手段等推行制度变革的一种制度变迁方式，具有外在强制特点。

制度变迁理论认为，强制性制度变迁能否成功，关键在于市场经济主体的认可和接受的程度。一般而言，接受和认可新制度需要一定的时间，在这段时间内，必须保持强制性制度变迁的势头，不能因微观主体不理解或者反对就立即更改。一旦市场经济主体初步认可并接受新制度，这时就必须及时把强制性制度变迁方式向需求诱导性方式转变，政府从改革的主体位置上退下来，让位于市场经济主体，由市场经济来具体适应新制度，检验新制度，并进行新制度的诱导性探索，为下一轮强制性制度安排积累经验，寻找创新方向。

## 第二节 “双创”核心在“众”、关键在“创”

把握“双创”的科学内涵，关键在准确理解“创”与“众”。其中，“创”是创新和创业，“众”是广大人民群众。前者揭示了人民大众参与的内容，后者指明了参与创新创业的主体。“创”是“众”的灵魂，是首要因素，缺少了“创”，“众”就难以获得持续推动人类社会进步的力量。“众”是“创”的载体，是关键的、不可缺的力量，离开了“众”，“创”的红利就难以被真正释放和扩散。“创”与“众”有机结合，是以广大人民群众为主体、以创新创业为动力的发展转型，是对经济增长规律认识的不断深化，是我国发展历程中的一场深刻变革。

## 一、“众”是“创”的载体

“众”，就是“集众智汇众力”，这里至少有三层含义，一是指代表“亿万人民大众”的各类参与群体，使万众大众成为创新的主体，使人人皆可创新，创新惠及人人；二是指“集众智汇众力”的参与途径，通过互联网、大数据等现代技术把千千万万“个脑”联结成创造力强大的“群脑”；三是指“众创、众包、众扶、众筹”等参与方式，通过构建最广泛的人人参与、人人尽力、人人享有的“双创”平台，最大限度地激发人民群众无穷的智慧和力量。它既反映出社会大众参与创新创业主体的多元化，也折射出社会大众参与创新创业方式的多元化。在更深的层面上，它体现出对经济增长规律认识的不断深化，表明我国发展正在经历一场深刻变革。

首先，“众”表明“双创”的参与群体呈现多元化特征。尽管创业并不适合所有人，创新也并非所有人都能实现，但应该让更多人拥有创新创业的能力、机会与动力，以促使更多有才能的人通过参与创新创业在优化资源配置上发挥作用。正如著名经济学家菲尔普斯在《大繁荣》中揭示的，“国家层面的繁荣源自民众对创新过程的普遍参与。它涉及新工艺和新产品的构思、开发与普及，是深入草根阶层的自主创新”。“双创”中的“众”，除了传统意义上的创业者外，还包括留学归国人员、科技工作者、大学生、返乡农民工等“新四军”，也包含“高校系、企业系、海归系”等不同创业企业群落。

### 《美国创新战略》突出大众参与创新创业

2015版《美国创新战略》体现出美国促进共享繁荣的战略部署，也折射出美国谋求重塑全球创新竞争新优势的战略取向。其中，明确提出要着力支撑创新生态系统，给所有美国人提供好处，重点鼓励大众参与创新，打造创新者的国度，释放国家的创新潜能。通过现金奖励措施、众筹与创客运动、公众参与式科学研究等开放创新渠道，鼓励大众参与解决社会与科学问题，激发民众的创新热情。

其次，“众”凸显“双创”的参与方式呈现多元化特征。大众参与创新创业的方式与技术和社会条件密切相关。在互联网普及和信息技术变革的时代，市场更加扁平化和去中心化，加上封闭式创新逐步转向以开源创新、平台创新为代表的开放式创新，个人接触市场需求、创新资源的能力大大增强，涌现出众创、众包、众筹、众扶等新的创新方式。另外，随着创业苗圃、孵化器、加速器等各具特色的众创空间大量涌现，众多新生企业有了较为完善的创新创业生态，企业、高校院所、中介机构等各类主体都可以立足自身优势不断拓展参与创新创业的渠道。

“众”反映出对经济增长规律认识的进一步深化。一方面，在历经较长时期的快速增长后，国际国内竞争格局、供需结构和要素条件等都发生深刻变化，中国经济进入新常态。引领、适应经济新常态，关键是及时转换经济增长动力，从依靠要素投入的粗放型增长向依靠创新驱动的集约型增长转变。另一方面，在利用后发优势实现高速增长后，不可能像过去那样依靠引进技术来谋求更高层次的发展，必须将发展的主要立足点转移到依靠自主创新和科技进步上来，加快实施创新驱动发展战略。而创新驱动实质上是人才驱动，“双创”中的“众”正是集聚各类人力资源的重要途径。从依靠物质资源向依靠人力资源转变，从依赖单纯的人口数量红利向释放人力资源红利转变，体现出对经济增长规律认识的不断深化，也凸显我国发展正在经历一场深刻变革。正如李克强总理所指出的，要用好我国人力资源这个最丰富的“本钱”，中国有1.7亿受过高等教育和拥有高技能的人才，与8亿左右的劳动力结合起来，能创造的财富、激发的能量是难以估算的，也会给市场带来巨大的机遇。

## 二、“创”是“众”的灵魂

2015年，李克强总理在《政府工作报告》中明确提出，打造“大众创业万众创新”和增加公共产品、公共服务“双引擎”。“双创”之所以能承担起“引擎”的重任，关键在于拥有“创”的灵魂。“创”，即创新与创业，核心内涵是要推进以科技创新为核心的全面创新、以机会型创业为主的各类创业，让创新渗透到社会生产生活的方方面面，通过成立新企业催生新兴产业、改造传统产业，扩大就业规模、提升就业质量。通过“创”，释放全社会的创造热情和创造活力。

“双创”中的“创新”，是以科技创新为核心的全面创新。这里有三层重要的含义。一是强调科技创新为核心。科技创新始终是推进人类社会进步的关键动力，也是促进经济持续发展的不竭源泉。

自近代科学诞生以来，人类经历两次科学革命和三次产业革命。在历史进程中，英国抢抓以蒸汽机的发明和广泛应用为标志的第一次产业革命的先机，成为当时的世界强国。美国、德国赶上以电力技术为应用标志的第二次产业革命，跻身当时的强国行列。在以晶体管发明为标志的第三次产业革命中，日本搭上了工业化和现代化的快车，成为工业强国。大量事实表明，正是西方发达国家抓住了科技革命的历史性机遇，才率先实现工业化和现代化。二是强调推进全面创新。创新从来就不是只有科技创新这一个类别。《“十三五”规划纲要》不仅提出了创新发展理念，还提出了全面创新的思想，即“必须把创新摆在国家发展全局的核心位置，不断推进理论创新、制度创新、科技创新、文化创新等各方面创新，让创新贯穿党和国家一切工作，让创新在全社会蔚然成风”。因此，创新不只属于科学家、社会精英等小众群体，也需要社会大众的广泛参与。著名的美国经济学家熊彼特认为，“创新”就是把一种全新的生产要素和生产条件“新组合”引进生产体系中，以实现对生产要素或生产条件的“新组合”。他的定义囊括了五类创新，其中有三类是非技术型创新（见表 1-1）。三是强调各类创新的互动。制度创新与科技创新的互动具有重要意义。一方面，科技创新会深刻影响制度变革，催生新制度，诱发制度创新；另一方面，制度创新也会对科技创新产生反作用，对创新主体产生激励，激发科技创新。著名制度经济学家诺斯在《西方世界的兴起》中明确指出，“有效率的经济组织是经济增长的关键，一个有效率的经济组织在西欧的发展正是西方兴起的原因所在”。因此，推动“双创”向纵深发展，需要发挥制度在影响经济主体行为和经济发展路径方面的重要作用，以制度创新激发理论创新、科技创新与文化创新，将制度创新作为实现引领型发展的重要突破口。

表 1-1　熊彼特对创新的主要分类与含义

| 类型 | | 含义 |
| --- | --- | --- |
| 技术性创新 | 产品创新 | 采用一种新产品，也就是消费者还不熟悉的产品或一种产品的新特性 |
| | 工艺创新 | 采用一种新的生产方法，也就是在有关的制造部门中尚未通过经验检定的方法，这种新的方法不需要建立在科学上新的发现的基础之上，并且也可以存在于商业上处理一种产品的新的方式之中 |
| 非技术性创新 | 市场创新 | 开辟一个新的市场，也就是有关国家的某一制造部门以前不曾进入的市场，不管这个市场以前是否存在过 |
| | 资源配置创新 | 掠取或控制原材料或半制成品的一种新的供应来源，也不问这种来源是已经存在的，还是第一次创造出来的 |
| | 组织创新 | 实现任何一种工业的新的组织，比如造成一种垄断地位（例如通过"托拉斯化"），或打破一种垄断地位 |

注："组织创新"也可以看成是制度创新。

资料来源：参考已有文献整理。

## 什么是创新

《美国创新战略》(2011 年版) 认为创新是"一个人或机构提出一个新的创意并将其付诸实践的过程"。经济合作与发展组织（OECD）将创新定义为"一种新的或显著改进的产品（货物和服务)、工艺过程、商业模式、组织方式等的实现"。著名学者哈罗德·埃文斯认为，创新不仅仅指某项发明，更应指能投入实际应用的发明。没有创新的发明只不过是一种消遣。《奥斯陆手册》(Oslo Manual)(2005) 认为"创新"的基本要求是产品、工艺、营销方式或组织方法对企业而言是新的（或重大改进)。因此，创新的基本类别包括"产品创新、工艺创新、营销创新和组织创新"四种。根据不同标准，创新也有其他分类，如"技术性创新与非技术性创新""原始创新、模仿创新与消化吸收再创新""市场推动型创新、技术推动型创新与科学推动型创新"等。

"双创"中的"创业"，是以机会型创业为主的各类创业。由于研究角度不同，学界对"创业"如何定义一直存在分歧。《全球创业观察》(GEM）报告中将"创业"定义为"任何个人、群体或已成立的企业，以自我雇佣、新型企业组织或是发展现有企业的形式，成立新企业或是新的风险投入的尝试"。对创业的分类可根据动力来源、组织形式、创业的发端、创业过程与创新程度来分（见表1-2）。其中，机会型创业指为了追求一个商业机会而从事创业的创业活动。相比生存型创业，机会型创业不仅能解决自己的就业问题，而且能解决更多人的就业问题。另外，它还着眼于新的市场机会，拥有更高的技术含量，有可能创造更大的经济效益，从而改善经济结构。在此基础上，科学认识"双创"中的"创业"还需要把握三点。一是鼓励大众创业是希望更多人拥有创业精神、发现创业机会、实现人生价值。创业活动具有极高的风险，往往需要创业者具备相应的条件和能力。鼓励大众创业甚至是全民创业，不是让所有人都放下手中的工作去创业，更不是让所有人不计条件、不顾失败地去创业，而是希望更多人拥有创业精神，把创业当作一种人生的选择。事实上，所有个体的成长（包括人的成长和企业的成长）都是一个"创业"的过程。通过激发创业热情，有利于引导更多人提升"发现创业机会、实现人生价值"的能力。二是创业既包括创办新企业，也包括企业的内部创业。"创办新企业"是反映创业活动的重要标志。大量新企业的产生，必然带来更为激烈的竞争，从而对已有企业形成挑战，促进市场的充分竞争。但创业不仅仅包括“创办新企业”，也包括企业的内部创业。在中国，不论是国有企业通过改革实现“涅槃重生”，还是平台企业实施内部创业形成企业生态圈，都离不开企业家的创业精神，离不开创业驱动的企业成长。因此，创业不仅是初创企业的事，也与大企业息息相关。三是既要鼓励机会型创业，又要正视其他类型创业存在的积极意义。以动力来源来分，机会型创业建立在创业者发现某些创业机会的基础之上，新的商机可能来自经济体制变革、科学发明的出现、新技术的应用等。鼓励机会型创业，就是引导更多社会大众去发掘和识别创业机会，用好体制红利与科技红利。其他类型创业也有积极意义，例如生存性创业是创业者为了谋生存而发起并实施的，在推进供给侧结构性改革的去产能过程中，部分下岗职工自谋职业求得生存即属于这一类型，它有助于稳定就业并助力脱贫攻坚。

**表 1-2　对创业的主要分类**

| 维度 | 分类 |
| --- | --- |
| 动力源 | 生存型创业、机会型创业、兴趣型创业 |
| 组织形式 | 独立创业、加盟创业与公司内部创业 |
| 创业发端 | 商业机会驱动型创业、创意驱动型创业 |
| 过程与创新程度 | 复制型创业、模仿型创业、安定型创业与冒险型创业 |

资料来源：根据雷家骕、葛建新（2014）整理。

## 三、“双创”体现创新模式演化的最新进展

“双创”是一种“众”与“创”相结合的创新模式，它的产生具有深刻的时代背景和内在机理，是新一代信息技术发展导致组织更加去中心化、知识获取成本更低的结果，也是基于市场主体内生

驱动形成的创新形态，这种模式具有内在的逻辑自洽性，体现了创新模式演化的最新进展。

以企业技术创新过程为例，它涉及创新构思产生、研究开发、技术管理与组织、工程设计与制造、用户参与及市场营销等一系列活动，现实中这些活动相互联系，有时需要循环交叉或并行操作。罗斯威尔在系统总结产业创新模式的基础上，根据不同历史时期的产业技术创新的特点，提出了五代创新模式（见表1-3）。在第五代创新过程模式中，罗斯威尔虽然注意到了信息技术的重要作用，但重点关注的是企业组织构建起来的正式网络，即具有契约性质的研发合作、市场营销网络，受当时的客观历史局限，对以大众为主体的非正式网络缺少足够的重视。近年来外部环境的变化导致创新所依赖的知识转移的基础发生了改变，信息技术发展导致组织更加去中心化，企业边界日益模糊，信息经济提升了大众获取知识、应用知识和扩散知识的能力，大众既是创新的供给者又是创新的需求者，“众”与“创”相结合的创新模式反映了创新模式演化的最新进展。

**表1-3 技术创新过程模式的演进**

| 时间 | 模式 | 描述 |
|---|---|---|
| 第一代<br>（20世纪50年至60年代中期） | 技术推动型 | 半导体、电子信息、新材料等新技术的突破和商业化，出现大量新产业和新的商业机会 |
| 第二代<br>（20世纪60年代至70年代） | 市场拉动型 | 企业高度关注利用技术扩大市场份额，更加重视迎合需求 |
| 第三代<br>（20世纪70年代后期至80年代中期） | 技术与市场耦合互动型 | 企业与技术广泛结合在一起形成交互 |
| 第四代<br>（20世纪80年代至90年代早期） | 并联模型 | 广泛学习日本企业在“集成”与“并行开发”的经验 |

续表

| 时间 | 模式 | 描述 |
|---|---|---|
| 第五代<br>（20世纪90年代以来） | 混联（或网络）模型 | 企业研发具有更强的系统集成和网络化特征，包括更紧密的企业间的横向与纵向联系 |

资料来源：根据罗斯威尔（1992）整理。

“众”与“创”相结合的创新模式，是企业竞争逐渐加剧、互联网技术日益成熟、个体创新能力不断提高和顾客需求趋于个性化等多种因素共同作用的结果。但最重要的因素是以互联网为代表的信息技术的发展以及由此形成的信息经济。

一方面，信息技术发展导致组织更加去中心化，使企业边界日益模糊，为大众创新创业创造了条件。在传统工业时代，企业十分倾向采用基于分工的纵向一体化组织结构，如U型[①]、M型[②]和矩阵式组织[③]等。但在信息经济时代，外部环境的变化日趋频繁，产品和服务的种类极大丰富，市场需求已经达到相对饱和状态。此时，平台会成为企业组织的重要形式，团组化会成为企业组织的发展趋势，用好网络效应也会成为企业的重要战略。例如，外部平台将成为吸纳分包商、销售商、竞争对手、基础设施和潜在客户等所有元素的重要载体，内部平台会将企业的所有单位纳入同一系统中，同时涌现出团队型组织、虚拟型组织、民主型组织、战略联盟组织，有助于企业更加扁平化发展和高效运转。诸如传真机、Windows、TCP/IP协议、网络游戏、ATM机和许多电脑软件等，都在不断重复着越普及价值越高的自我反馈。尤其是在网络经济中，数量越多越充分，

① U型组织是典型按生产、销售等职能划分部门的结构，各部门的独立性非常小。

② M型也称之为事业部门型组织结构，随着战略决策和经营决策的分离，经营事业部或分公司等具有了半自主性，但独立性仍然不足。

③ 矩阵制结构把按智能划分的部门与按项目划分的小组结合起来，在保证组织结构稳定的前提下使小组成员具有相当的流动性，但小组成员仍受小组和职能部门的双重领导。

其价值也越高。这一现实要求企业优先发展平台，让企业内外、客户是否忠诚的界限模糊，仅剩下线上与线下的差别。平台的价值在于平台上所承载的大众规模，大众成为集生产和消费功能于一体的“产销者”，并获益于平台规模的指数化增长。

另一方面，信息经济改善大众获取知识、应用知识和扩散知识的能力，大众既是创新的供给者又是创新的需求者。知识管理的相关理论认为，信息是以有意义的形式加以排列和处理的数据，信息必须经过加工、处理并应用于生产，才能转变为知识。但知识本身具有显性和隐性知识之分，前者易于编码和传递，后者很难编码和传递。互联网的普及使大众获取知识的难度大幅降低，尽管“信息过载”现象日益突出，但特定过滤与搜索技术的匹配也使获取知识的有效性大幅上升。随着新一代信息技术的加速创新迭代，互联网还改善了人类的知识交互模式，摆脱了纯文本知识的高度显性约束，通过音频、视频等手段大大改善了知识传递效率，这些变化对于需要频繁交流的隐性知识的传播更具有重要意义。借助互联网平台和开源社区，大众获取、应用与扩散知识的渠道和方式更加多元，为大众创新能力的提升创造了有利条件，使大众从原来单纯的创新需求者演变成为兼具创新供给与创新需求的双重角色。

## 第三节 “联动、融入、结合、协同、共享”是“双创”的重要特征

2017 年，联合国大会通过决议，呼吁各国支持“大众创业万众创新”。“双创”之所以能获得广泛的国际认同并在引领中国经济新

常态中发挥重要作用，与其始终强调“联动、融入、结合、协同、共享”密切相关。它立足基本国情，强调创新与创业充分联动，使新发展理念深入人心，使创新驱动发展战略化作大众之举，是对经济社会发展本质的进一步揭示。

## 一、在创新创业充分联动中培育经济新动能

在学术研究中，创新与创业被当作两个不同的研究对象。但在现实中，创新与创业往往密不可分，正如习近平总书记指出的，“创新和创业相连一体、共生共存”①。这是因为创新与创业两者天然地具有共同基因。虽然创新与创业在现实中未必总能完美结合，但一旦实现结合将会创造出巨大价值。通常而言，缺乏创新的创业一般是基于对现有技术或模式的模仿与复制，这种创业活动往往会形成同质竞争，通常缺乏持久性。基于创新的创业则通常会开辟出新的天地，创造出新的市场需求，拥有强大的生命力，使创业本身具有很强的可持续性，通常也将这类创业称之为“创新型创业”。大量事实表明，往往只有创新型创业才具有潜力进一步成长为“瞪羚企业”或者“独角兽企业”。“双创”不仅包含人类文明赖以发展的创新内核，也包含创业这一驱动经济成长的重要元素，创新创业联动成为其重要特征。

### 创新与创业是什么关系?

熊彼特在《经济发展理论》一书中将创新作为新的生产函数来

① 2017年3月，习近平总书记在考察广西南宁·中关村创新示范基地时指出，开展区域合作和经济技术合作，重在互利双赢。创新和创业相连一体、共生共存。建设创新示范基地，要遵循创新发展规律，以高效的政府服务、有机的产业配套、先进的技术支撑，构建富有吸引力的创新生态系统，让适宜的种子在适宜的环境中开花结果。

考察，并动态地分析了其对经济增长的影响。熊彼特认为，静态地关注给定资源的分配问题是不够的。经济发展是一个质变的过程，创新会通过引入“新组合”来推动经济发展在某个历史时期发生质变。事实上，熊彼特所言的“创新”中已经包含了创业 。在熊彼特的语境中，创新构建了一种新的生产函数，其产出是因变量，而资本、劳动与技术构成了自变量。但创业本身也是构建一个新的生产函数（一个遵循新投入产出关系的企业），“除资本、劳动、技术三个变量之外，又多了一个新企业或企业内部新的独立部门的组织变量”。在这个意义上，可以认为创新与创业是共通的，创业是创新的特殊形态，是创新的实现方式之一。

一方面，创新的价值既可以通过创办新企业来实现，也可以通过原有企业的发展壮大来实现，从这个角度看，创业是创新的一种结果。现实中，许多创新本身就是发明的商业化结果，这种商业化往往依赖于创业。另一方面，创业是一个整体概念，它包括寻找和识别商业机会、承担风险以及把创新想法变为现实，这些都蕴含于创业的整个过程中。有竞争力的创业活动一定处处充满创新元素，这些元素遍及组织内部与外部，不论该组织是否具有营利性。持续性强、涉及范围宽广的创业可以广泛带动技术创新、商业模式探索以及管理上的创新，以此提升创业成功率。可见，创业不仅是创新的实现方式，也是拉动创新的工具。

“双创”强调“顶天立地”，从而将人类文明赖以发展的创新内核与促进经济发展的创业元素有机融合。所谓“顶天”，就是努力突破核心关键技术，勇攀世界科技高峰。所谓“立地”，就是把科技与人民群众的创造力在更大范围、更深程度、更高层次上融合起来，通过“双创”将科技成果转化为现实生产力。人类社会发展的进步史实际上是“创新者”的历史，这里的“创新者”是一个广泛的群体。其中不仅包括科学家、企业家，还包括许多社会大众人物，例如卡车司机、肖像画家、中小学教师、银行雇员、美发师、小商贩等社会各阶层的人物。尽管上述人物的社会阶层不同，教育背景与人生轨迹存在巨大差异，但都是通过创新与创业在人类发展历史上作出了贡献，从而留下了自己的轨迹。但在所有人物中，最核心的主体是企业家。在上述人物的所有活动中，始终体现着创新与创业的紧密结合。历史一再证明，企业家未必具备特定的专业技术知识，但一定具有识别机会、实现价值、创造财富的特殊才能。再好的发明专利，离开了企业家就难以实现向生产力的转化。企业家的本质工作，就是将创新与创业有机结合。

“双创”要求创新支撑创业、创业带动创新，本质上有利于促进科技与经济更紧密结合，是实施创新驱动发展战略的重要抓手。科技与经济“两张皮”是长期困扰我国经济创新发展的一大症结，阻碍创新驱动发展的实现。我国要在世界科技革命中抢占制高点，破解资源环境等约束，实现新旧动能转换，关键是要做强科技这个第一生产力，用好创新这把“金钥匙”，实现科技与经济深度融合，促进经济保持中高速增长、迈向中高端水平。“双创”强调了创业的草根性、民间性和创新的广泛性、普遍性，蕴含着创新支撑创业、创业带动创新的基本理念，即以创新为核心和基础，通过创新的技术、理念与管理方式使创业者的产品或服务具有先进性、独特性，从而为创业者顺利创业、成功创业提供核心支撑；以创业为动力和主要实现方式，通过创新型创业使创业企业更具有市场竞争力，并催生更多创新活动和潜在需求，以此确保产品与技术的不断改进，对创新施加更强的市场牵引力。这一过程提升了供给质量、激发了社会活力，从供给侧改善了经济社会供需之间长期存在的结构性矛盾。尽管创新创业具有天然的共同基因，但两者之间的联系并不是自然通畅的，会遇到许多障碍。实验室里的创新、图书馆里的论文，不会自动转化为现实生产力。推动“双创”，就是让创新和创业结合起来，在创业中蕴含更多的创新元素，在创新中使用更多的创业方式，使创业更具新颖性与独特性，使创新更贴近市场、贴近需求，真正实现科技服务经济、经济促进创新的良性互动。

## 二、将企业家精神与工匠精神融入“双创”

在坚守“创”的同时，也要升华“双创”的思想内涵。企业家精神与工匠精神是两种具有不同内涵但相辅相成的重要品质，从其核心内涵来看，前者强调敢于冒险，后者强调精益求精。从广义来看，两者又具有一定联系，企业家精神包含追求卓越的工匠精神，工匠精神也蕴含持续创新的企业家精神。将企业家精神与工匠精神注入“双创”的实践，一方面有利于鼓足“创”的勇气、壮大“创”的动力，另一方面有利于提升“创”的品质、夯实“创”的根基，最终通过“双创”有力促进创新驱动发展、推进供给侧结构性改革。

将企业家精神融入“双创”，是以其科学内涵为基础，着力激发和保护企业家精神，发挥企业与企业家在创新创业中的重要作用。在相当长的时间里，企业家与企业家精神没有进入主流经济学分析框架。只是在被需要当作分析对象等特定情境下，才被经济学者加以说明或利用。但事实证明，如果忽视企业家的作用，我们将无法对历史上的经济增长给出完全充分的解释。已有理论和研究启示我们，需要高度重视保护和激发企业家精神，尤其是要通过完善更有利于发挥企业家精神中生产性成分的制度与环境，以此提升经济发展的质量和效益。企业家精神既包含品质化的内容，也具有过程化的特点，但其核心特征是敢于冒险和创新创业。激发和保护企业家精神，就是要鼓励相应主体主动将企业家才能配置到生产性领域，通过识别和捕捉机会、承担风险、创新创业来创造和实现价值。“春江水暖鸭先知”，企业家对寻求新技术、开发新产品、创造新模式有天然动力，是市场经济的稀缺资源，推进“双创”还需要更多企业家大显身手。

## 理论上关于企业家精神的三种代表性观点

**熊彼特重点强调创新。**最早对企业家精神进行关注起源于熊彼特的《经济发展理论》，在此书中，经济发展被描述成一个创造性破坏的创新过程，企业家精神在整个过程中起到核心推动作用，被看作长期经济增长的源头活水。鲍莫尔继承了熊彼特的观点并认为企业家就是创新者，在生产活动中，企业家的关键作用就是创新，同时还表现出无限的企业家精神，以及首创性、成功欲、冒险和吃苦、精明与敏锐、强烈的事业心等其他特征，这些特征使得企业家精神天然地与持续创新紧密联系在一起。

**奈特重点强调承担风险。**奈特在企业框架下考察企业家精神，他认为企业家精神是企业家在生产活动中表现出的特质，例如冒险精神、果断决策、勇于担当以及监督激励他人，主要强调企业家的冒险精神和“胆大心细”。此外，企业家们还必须具有超越常人的决心和毅力去克服障碍，因为只有以非常规的行为方式才能实现其宏伟的、有预见性的、胆大冒险的目标。所以，企业家精神和承担风险的能力联系紧密，一个人对风险的承担和容忍度越大，成功创办企业的可能性也越大。创新本身具有高度的不确定性和潜在风险，企业家善于并勇于承担风险的特质，决定了这一群体比其他群体更具有持续创新的条件和潜力。

**柯兹纳强调发现机会。**柯兹纳的观点与熊彼特和奈特的观点有根本的区别。柯兹纳不反对均衡观念，但他视企业家为建立均衡的人，视企业家行动是促使均衡的力量，而不是打破均衡的力量，只是这种均衡存在于“达到均衡—打破均衡—再达到均衡—再打破均衡”的循环中，这与熊彼特所认为企业家带来的“创造性破坏”具有根本区别。他通过考察市场交易的众多环节，基于信息不完全理论，认为企业家精神就是以市场为中心的学习能力，它能够使企业家发现交易机会，并使双方都获利，从而推动市场进程，而学习和发现交易机会的能力将有力促进企业家持续创新。

将工匠精神融入“双创”，是以提高供给质量为基本方向，着力树立质量至上理念，培育实体经济发展后劲和国际竞争新优势。工匠精神是以极致态度不断精雕细琢产品的一种理念，匠人们本着精益求精、追求卓越的精神追求，通过不断改善设计理念和制造工艺，使其产品成为某一细分行业中无可匹敌的佼佼者。工匠精神中不仅蕴含着追求卓越的创造精神、精益求精的品质精神，也时时刻刻体现着用户至上的服务精神。将工匠精神注入“双创”，目的是为了提高供给质量，打造有品质的创新创业。一方面，打造有品质的创新创业是树立质量至上理念，提供高品质的产品和服务，擦亮“中国制造”和“中国智造”的品牌。质量是产品的生命线。中国产品的竞争力主要体现在价格方面，但在质量上仍面临“略逊一筹”“技不如人”的重大挑战，不仅无法适应需求快速升级的整体步伐，产品质量的长期落后还造成需求外流，这些都是导致当前我国供需结构性矛盾的重要原因。高品质创新创业，就要求新技术、新产品、新服务等在质量上应该具有较高水准，甚至能引领标准制定。追求产品细节和质量的工匠精神，本身就是万众创新的体现，有利于“双创”提质增效。另一方面，打造有品质的创新创业是谋求打造百年老店，摈弃“一夜暴富”和“赚快钱”思想，促进中国实体经济基业长青。在互联网快速发展的时代，许多企业借助平台效应、网络效应实现了快速成长，但成长的背后却暗藏隐忧，部分创新创业者沉迷于追逐流量、及时套现、热炒概念等，甚至玩起了单纯的资本游戏。强调发挥工匠精神，既要把更多创新创业引导到实体经济，形成具有工匠精神的企业集群，也要鼓励更多企业踏踏实实做实业，争取在细分行业中成为全球领军者。

## 三、促进“双创”与各行各业紧密有机结合

“双创”并不局限于某一个领域，更不能简单将其理解为电子商务，“双创”是覆盖一二三产业、可以与各行各业紧密有机结合的重要工具。树立“双创+”的理念，促进互联网时代“双创”与经济社会发展深度融合，就是着眼提高供给质量和效率，因此，“双创”也是供给侧结构性改革的重要体现。

“双创”既适应信息技术发展导致组织更加去中心化、企业边界日益模糊的变化，也适应信息经济改善大众获取知识、应用知识和扩散知识的能力、使大众既是创新的供给者又是创新的需求者的变化，从而使“众”与“创”相结合的创新模式可以为经济转型升级提供强大动力。正如李克强总理指出的，既要加大力度支持新技术、

新模式、新业态、新产业发展，为它们“培土施肥”，打造中国经济新的“发动机”；又要致力于传统产业“挖潜开荒”，推动高端化、低碳化、智能化改造，促进“老树发新芽”。

传统产业与“双创”相结合，会加速传统产业的升级步伐。“双创”促使传统行业企业积极与新技术新模式融合，例如，推进制造业信息化、绿色化、智能化改造，运用互联网思维和大数据等，将加快生产、管理、营销模式变革和流程再造，重塑产业链、供应链、价值链，促进制造业的垂直整合、水平跨界与融合发展。

新兴产业与“双创”相结合，会加速新兴产业的发展步伐。“双创”催生大量新产业、新业态、新模式，形成新经济。例如，在我国节能环保、新一代信息技术、生物、高端装备制造、新能源、新材料和新能源汽车等战略性新兴产业中广泛开展“双创”，通过设立专业化众创空间，凭借“众创、众包、众扶、众筹”等方式为战略性新兴产业发展提供创意与资金。农业、教育与医疗等传统行业通过与“双创”融合，借助互联网技术实现了休闲农业、在线教育、远程医疗等新企业与“双创”相结合，会改善企业治理结构和治理效率。企业平台化、员工创客化、产品个性化，是各类企业应对互联网时代市场竞争的重要趋势。通过平台化，可为分包商、销售商、竞争对手、基础设施和潜在客户等所有元素提供创新创业的载体，并创造一个互动的“知识社区”，扩大了企业的人力资源库和知识储备池。不仅鼓励内部员工在平台上创新，还能有力吸纳外部资源如有创新意愿的大学生和其他人员在平台上创新，促进员工和有潜力的创新供给者成为创客，为企业提供源源不断的新创意。作为回报，企业将会允许技术入股或对企业有贡献的科研人员给予股份，使凡是有创新成果的人都可以有回报。在这个过程中，企业不仅改善了治理结构，还会促进治理效率显著提升。

## 四、让各类主体在“双创”中密切协同合作

理论和实践表明，创新与创业不是“投入—产出”的简单线性过程，仅靠创新与要素的机械堆积也难以激发。创新创业更需要一个合适的生态，这其中既包含创新创业的主体和要素（如中介服务等），更重要的是形成有利于激励创新创业的相关制度安排，促进各类主体在“双创”中密切协同。

要促进各类企业密切协同。李克强总理指出，“双创”不是小企业的专利，也是大企业的优势，既是小微企业生存之路，又是大企业繁荣兴盛之道。中小微企业机制灵活，对市场敏感，拥有“微创新”优势，但往往受限于企业规模，在获取创新资源、扩大市场份额方面存在劣势。大企业往往资源雄厚、综合实力强，但往往由于内部层级过多导致企业对市场的反应不够灵敏。“双创”不仅有利于中小企业获取更多资源，还帮助大企业激活内部资源，大企业通过“双创”改变经营管理模式，搭建开放式的“众创、众包、众扶、众筹”等平台，与中小微企业合作，形成全产业链战略联盟，获得新生命。

要促进产学研用密切协同。知识形态生产力向物质形态生产力的转化逐渐加快，需要科研机构能够更好地发挥桥梁作用，依托互联网打造开放共享的创新机制和创新平台，推动企业、科研机构、高校、创客等创新主体协同创新。将创新链从基础性科学研究直到产业化、创业服务化、科技金融等活动进行有机高效联系。产学研项目合作中，企业可以通过三种渠道获得产学研项目合作带来的好处。第一，大学等科研机构提供了专业劳动力的蓄水池，而这构成

了智力人力资本的关键要素。通常情况下，企业所能拥有的研发人员数量受到了研发部门规模的限制，产学研合作可以降低企业对科技人才的搜寻成本，请学研机构中的研发人员帮助完成 R&D 活动。第二，大学等科研机构提供了专业性和前沿性知识的蓄水池，与其进行项目合作可以为企业带来了全新的前沿知识。第三，通过产学研项目合作中的互动式学习，企业可以持续地培育和更新与创新相关的能力进而提升创新绩效。

要促进客户参与创新。随着互联网、移动互联网的普及，社交软件把大家融合在一起，传统企业与社会、顾客共享资源，与消费者、用户进行大规模合作的模式已经成为全新的社会生产模式，并运用于传统实体经济互联网化转型，运用于服务业、咨询业等其他产业。在此情况下，与客户开展合作，让客户参与到创新活动中来，不仅能够为客户创造更好的消费体验，也会为企业带来更大的竞争优势。一些对于用户参与的研究也证明了企业在开放式创新过程中是如何从用户创新和用户群体（社区）中获益的，越来越强调早期研究对于社区在支持创新中的作用。工作分布到组织外的大量工人，用于改善决策，完成繁琐的任务，或共同创造的设计和其他项目的方法。创新不再专属于大企业和专业研究机构，而是实现了民主化，使人获得了更大的自由。开放式创新也被赋予了不同于以往的一种全新的内涵，即开放式创新由过去的外包到具体的合作伙伴，变为了现在的面向广大消费者、供应商，到每个人都可以作为创新的主体。全球化的“开放式创新”正在逐渐形成，迎来“人人都是创造者”的时代。

### “四众”新模式助力“双创”

推动“大众创业万众创新”，需要打造支撑平台。要利用“互联网+”，积极发展“众创、众包、众扶、众筹”等新模式，促进生产与需求对接、传统产业与新兴产业融合，有效汇聚资源推进分享经济成长，助推“中国制造2025”，形成创新驱动发展新格局。

——以众智促创新。大力发展众创空间和网络众创平台，提供开放共享服务，集聚各类创新资源，吸引更多人参与创新创造，拓展就业新空间。

——以众包促变革。把深化国有企业改革和推动“双创”相结合，鼓励用众包等模式促进生产方式变革，聚合员工智慧和社会创意，开展设计研发、生产制造和运营维护，形成新产品新技术开发的不竭动力。

——以众扶促创业。通过政府和公益机构支持、企业帮扶援助、个人互助互扶等多种方式，共助小微企业和创业者成长。

——以众筹促融资。发展实物、股权众筹和网络借贷，有效拓宽金融体系服务创新创业的新渠道新功能。

## 五、在开放创新中推动成果共享与资源共享

在经济全球化、移动互联网的时代，不可能关起门来搞创新创业。单一企业或组织很难拥有创新所需的全部资源，创新的商业不能在真空中演化，必须吸引各类资源、资金，合作伙伴、供应商、客户多方参与以创造合作网络。科学研究越来越基于一个开放的合作方式，有时被称为“大众科学”“公民科学”或“网络科学”“大规模协作科学”。

中国的“双创”是开放式创新，是众创经济，也是共享经济。必须坚持以人为本，更加注重“双创”中的资源共享和成果共享。

资源共享，就是把各类闲置资源通过互联网平台实现优化配置，提高闲置资源配置效率，使闲置供给满足现实中的需求；成果共享，就是通过众创实现所创价值的共享，调动参与者的积极性和创造性。“双创”通过分享、协作方式开展，信息更广、门槛更低、成本更小、速度更快，使人民群众创新创业空间更广阔、过程更便利。“双创”鼓励更多人利用互联网等资源参与共享经济，支持企业、高校、科研院所等将其人才、资金、技术、设施设备等优势资源拿出来开放共享，推进各级政府开放公共资源和购买共享经济产品。

推动国际创新合作，支持创新要素自由流动，与各国创新相互对接，实现合作共赢。要与世界创新强国对标，缩小体制活力、人才集聚、开放水平的差距。其中，通过开放实现人才集聚尤为重要，如有的国家的创新专利创造者中，在国外出生的人才占1/3，多数发达国家都有吸引人才的特殊政策。要大胆引进人才，形成“多肤色、多语言”集聚创新的局面。要热情欢迎各国企业和创业者在华投资兴业，切实保障其合法权益，提供更好的公共服务，打造国际一流的创新创业环境。

## 开放式创新与封闭式创新

开放式创新是切萨布鲁夫在观察施乐公司帕洛阿尔托研究中心的相关案例后，进一步从思科与朗讯、IBM、Intel和贝尔实验室的创新历程中发掘的一种新型创新模式。这一理论是以创新过程理论、用户创新理论、合作创新理论为来源的。与传统的封闭式创新相比，这种模式的最大特点是“创意有意的流入与流出”，是在四种“腐蚀性因素”下封闭式创新的被迫转化：一是具有丰富知识和操作经验的科研人员和工人的流动性日益增强；二是创业投资逐渐成熟，为新创企业提供了资金支持；三是尚未被开发的技术成果具有外部发展空间，内部发展有了替代性选择；四是外部供应商的生产能力不断提高。上述四种因素打破了原有内部创新过程的良性循环，最终形成了从封闭式创新向开放式创新的转变。

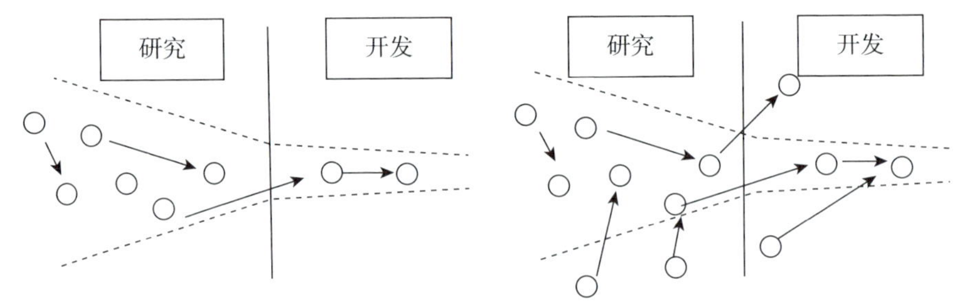


封闭式创新与开放式创新比较

资料来源：Chesbrough（2003）。

# 第四节 “双创”促进个人价值实现与国家繁荣富强

国家的繁荣在于人民创造力的发挥，经济的活力来自就业、创业和消费的多样性。推动“双创”就是要让更多人在实现人生价值的同时，汇聚起实现中华民族伟大复兴中国梦的磅礴力量。因此，“双创”不是一个活动，而是一项事业，不是权宜之策，而是发展大计。“双创”把富民强国作为依归，着眼于个人价值实现与国家繁荣发展，是对实现中华民族伟大复兴中国梦的路径诠释。

## 一、“双创”促进纵向流动与机会公平

让群众来创造财富，是“众创”的生命力所在。从历史的角度

看，本轮“双创”呈现主体更多元特征，尤其是返乡农民工创业、大学生创业等，为各类创新创业者提供更加公平的机会和通畅的上升通道，特别是让青年人有广阔的空间驰骋，让更多人通过自己的努力富起来。这有助于调整收入分配结构，促进社会公平，也会让更多年轻人，尤其是贫困家庭的孩子有更多的实现人生价值的机会，体现了中国梦是“人民的梦”。

自改革开放以来，我国先后出现了三次大规模的创业浪潮。第一波出现在20世纪80年代，随着农村改革和城市经济体制改革，以及对外开放的启动，形成了农民、返乡青年为主体的创业浪潮，乡镇企业和民营企业异军突起，成为经济发展的强大推动力。第二波始于20世纪90年代，随着建立社会主义市场经济体制改革目标的确立，广大人民群众的创业积极性被全面激发，掀起了大量在职人员辞职下海为主要特点的经商创业浪潮。第三波出现在21世纪之初，全球互联网经济孕育兴起，中国加入世贸组织后对外贸易和利用外资规模迅速扩大，开启了网络创业时代。现在，许多互联网企业的先驱都是在这一时期开始创业的。

与前几个阶段不同，当前我国掀起新一轮创新创业高潮，它并不是以某一类人群创新创业为主，而是顺应经济社会发展程度和人民生活水平提高所产生的个性化、多样化需求，伴随不断涌现的电子商务等新产业、新产品、新业态和新商业模式而进行的创业，是一种多层次、多方式的创业。它不仅包括科技人员、大学生、返乡农民工等各类人群通过创办企业、个体经营等多种方式开展的创业活动，还包括大企业、大集团的内部创业。一方面，它创造出大量就业机会和致富机会，促进了社会的纵向流动；另一方面，它也成为收入分配改革和促进社会公正的切入点，促进了机会公平的实现。

## 二、“双创”培育壮大经济发展新动能

这一阶段的创新创业主要是顺应当前互联网技术广泛应用，创新门槛迅速降低的时代背景，“双创”与我国经济社会各方面高度融合，不断壮大经济发展新动能，成为我国经济发展模式转变的重要途径，是对实现中华民族伟大复兴中国梦的路径诠释。

与第一、二次创业浪潮单纯以实体创业为主不同，当前的“大众创业万众创新”不仅局限于实体创业，更多地涌现出大量的网络创业；与第三次单纯以网络创业为主不同，当前的“双创”在进一步推进网络创业的同时，也在激励实体创业的互联网化。因此，与前几次创业浪潮相比，当前的“双创”表现形式十分丰富。在创业方面，既包括依托互联网的线上创业，也包括传统的线下创业，还包括线上与线下之间的融合创业。“双创”已经覆盖一二三产业，不仅促使传统行业企业积极与新技术新模式融合，还通过“众创、众包、众扶、众筹”等方式创造新需求，实现新供给，既在服务业大显身手，也在制造业彰显威力，以信息化、绿色化、智能化为发展方向，推动产业向形态更高级、分工更优化、结构更合理的阶段演化，培养新技术、新产业、新业态和新模式，推动经济发展方式从传统的要素驱动、投资驱动向创新驱动转变，形成新经济。

“双创”催生了一大批从无到有的新动能。被誉为中国新四大发明的“高铁、支付宝、电子商务、共享单车”等已经代表着中国创新的新名片并走出国门：中国修建的高铁线路已经相继出现在土耳其、俄罗斯、泰国、匈牙利、塞尔维亚等国家并还将陆续登陆欧美等发达国家；中国的支付宝实现在200多个国家和地区用18种货币进行移动支付，中国的微信支付覆盖14个国家和地区并支持10种

货币结算，中国在迈向“无现金社会”方面的进展速度超过西方多数发达经济体；中国已经成为全球最大、发展最快的电子商务市场；中国的共享单车登陆新加坡、英国、意大利、美国和哈萨克斯坦等国城市。未来十年，中国还将在机器人、无人机、绿色科技和人工智能等一系列领域实现更多突破。

## 三、“双创”践行以人民为中心的发展思想

“坚持以人民为中心”是习近平新时代中国特色社会主义思想的重要内容，也是新时代坚持和发展中国特色社会主义的基本方略。习近平总书记指出，坚持以人民为中心的发展思想，是马克思主义政治经济学的根本立场。要坚持把增进人民福祉、促进人的全面发展、朝着共同富裕方向稳步前进作为经济发展的出发点和落脚点，部署经济工作、制定经济政策、推动经济发展都要牢牢坚持这个根本立场。“双创”着力激发个体的创造性，让群众来创造财富，走的是群众路线，紧密切合“以人民为中心的发展思想”的思想内核和实践方向，是以人民为中心的发展思想的生动实践。

首先，“双创”体现“发展为了人民”。“双创”蕴含促进人的全面发展的理念，把创业、创新和人民群众结合起来，实际上就是尊重每个人的智慧和尊严，使他们都能够有机会充分发挥自己的潜能和特长。其次，“双创”体现“发展依靠人民”。“双创”是新时期经济领域走群众路线的具体化，是从群众立场出发提出的新理念、新理论。“双创”走的是群众路线，秉持的是发动群众、依靠群众、相信群众的基本理念。创新创业不只属于科学家、社会精英等小众群体，也需要社会大众的广泛参与，创新创业需要“集众智汇众力”，使万众、大众成为创新的主体，这些都充分体现出“双创”蕴含着

人民创造历史的唯物史观。最后，“双创”体现“发展成果由人民共享”。人人参与、人人尽力、人人享有，是共享发展的要求，也是“双创”的应有之义。“双创”是机会公平、权利公平的具体化，是收入分配改革和促进社会公正的切入点，让每个人都有全面发展的机会，充分释放内在潜力，为创新创业者提供更加公平的机会和通畅的上升通道，让更多人通过自己的努力富起来。

# 第 二 章

# “双创”是经济发展的不竭动力

“大众创业万众创新”主要通过整合要素资源来提高资源配置效率，通过促进企业多样化来推动行业发展，通过扩大社会需求来拉动经济增长，是促进经济持续增长的核心动力。“双创”主要通过企业的裂变催生新动能与改造旧动能，通过新产业的涌现来推动产业结构调整，通过要素的集聚来促进地区经济发展，是推动经济结构调整与优化的重要动力。

## 第一节 经济发展动能亟待转换

自改革开放以来，我国经济取得长足发展，经济实力不断增强。但也应看到，受劳动力、土地等要素成本持续上涨的影响，我国传统要素驱动型发展模式已难以为继，经济结构需要不断调整与优化。同时，由于我国当前正处于跨越“中等收入陷阱”的关键期、实现“两个一百年”奋斗目标的决胜期，而这些目标的实现都需要新旧动能的转化，需要经济发展方式的转变，需要结构的调整与优化。

### 一、随着各类要素价格的上涨，低成本、粗放式的要素驱动型发展模式难以为继

改革开放近40年来，我国经济之所以长期保持高速增长态势，主要是低成本、粗放式经济发展模式在驱动。主要利用我国现实经济资源禀赋条件，尤其是廉价劳动力、土地和环境资源，通过放松管制和优化投资环境，使社会资本获得超低的生产成本，采取粗放式的发展方式推动经济持续增长。但是，随着经济的发展、国内外形势的变化，低成本、粗放式发展模式逐渐无法适应新形势的需要，

传统发展模式已难以为继，突出表现在：人口红利削弱，拉动劳动力成本的上升，土地、资本等要素对经济增长的拉动作用逐渐减弱，环境对经济增长的约束力不断增强，低成本、粗放式发展模式已难以为继。

廉价的劳动力是吸引外资的重要原因，相关研究表明，充足的劳动力是改革开放以来中国经济持续保持高速增长的一个重要的基础条件。但近年来，劳动人口占总人口比重呈现小幅波动态势，2012 年以前，我国劳动人口占比一直呈现上升趋势，但从 2012 年开始，我国劳动人口占比一改持续上升态势，首次出现下降，这意味着我国劳动人口比例已趋近顶点。对于像我国这样进入中等收入行列的国家，人口红利的逐步削弱是影响经济增长的重要因素，传统经济增长动能也会因此而不断减弱。

受人口红利削弱的影响，劳动力收入水平快速提升，劳动密集型产业发展压力不断增大，出口拉动作用明显减弱。近年来，我国劳动力收入水平进入快速上升期，使得传统的劳动密集型产业发展受到阻碍，出口导向型经济发展动力明显不足。据统计，从 2006 年起，我国城镇单位就业人员工资水平进入快速上升阶段，平均工资水平由 2006 年的 2 万元，迅速提高到 6.2 万元，近九年间增长了 2 倍多，年均增速超过 30%。劳动力工资水平的大幅提升，导致传统的劳动密集型产业发展面临巨大压力，对外资的吸引能力下降，从而导致以廉价劳动力为动力的发展模式难以为继。

此外，长期以来，我国土地、水电气等公共资源的价格被维持在较低的水平，主要通过补助和定价调控等方式实现。许多情况下，为吸引投资，土地被以极低的价格甚至零地价划归开发商、投资者，使其保持市场竞争力，这种低成本资源整合方式被广泛应用到各行业，以至于是国有企业和其他一些大公司实际上的融资成本往往极低，甚至可能为零，从而使企业发展更多依赖低成本的要素投入驱动，导致高投入、高能耗、高污染的发展模式长期存在。而近年来，劳动力成本的上涨、土地价格的提升、资源环境约束机制的增强，都使得传统的要素驱动型发展模式难以为继，迫切需要转变。

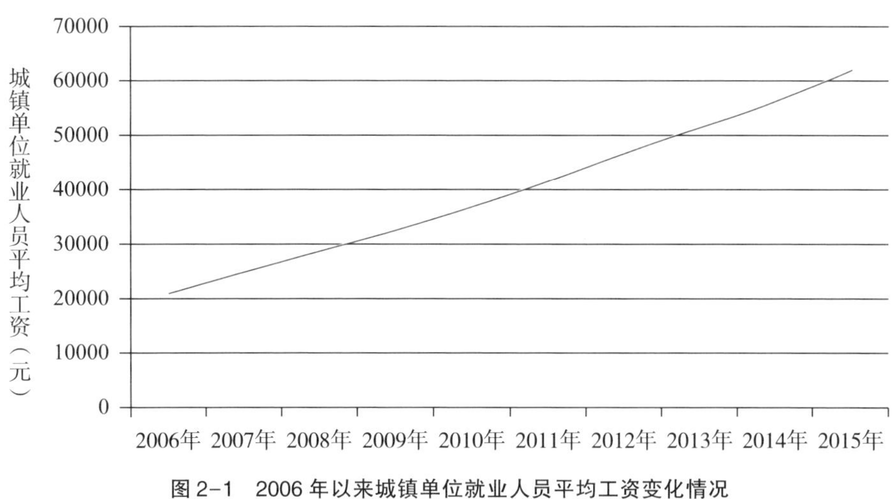


**图 2-1　2006 年以来城镇单位就业人员平均工资变化情况**

## 二、经济结构调整进展缓慢，无法适应新形势发展的需要

尽管我国经济长期保持快速增长态势，但经济结构尤其是产业结构并不如人意，一直是制约经济发展质量提升的主要障碍。突出表现为部分产能严重过剩、生产性服务业发展滞后、国际分工固化在价值链低端状态，从而使我国一直是“创新小国”“供应链小国”“品牌小国”。早在 20 世纪 90 年代，我国就提出调整经济结构，但实际进展并不理想，受科学技术水平、创新能力的限制，产业结构始终处于不合理状态，调整速度缓慢，无法适应新形势发展的需求，也在一定程度上制约经济增长。

一是部分产能持续过剩。长期以来，我国经济拉动主要依靠投资尤其是基础设施投资的拉动，从而使得相关产业如钢铁、水泥等产能不断扩张，占据世界第一的位置，但加工制造环节普遍固化在价值链低端，即使在新兴产业也呈现低端产能快速扩张的特征。

**表 2-1　2014 年中国主要工业品生产规模及占世界总量的比重**

| 工业品种类 | 年总产量 | 占世界总产量比重 |
|---|---|---|
| 生铁 | 7.1 亿吨 | 59% |
| 粗钢 | 8.2 亿吨 | 50% |
| 煤炭 | 38.7 亿吨 | 接近 50% |
| 造船 | 3629 万载重吨 | 40% |
| 水泥 | 24.8 亿吨 | 60%以上 |
| 电解铝 | 2438 万吨 | 65%以上 |
| 化肥 | 6933.7 万吨 | 35% |
| 化纤 | 7939 万吨 | 70% |
| 平板玻璃 | 7.9 亿重量箱 | >50% |
| 工程机械 | 590 亿美元（销售额） | 43% |
| 汽车 | 2372 万辆 | 25% |
| 手机 | 16.3 亿部 | 71% |
| 集成电路 | 9166.3 亿元（销售额） | 90.6% |
| 制鞋 | 155 亿双 | >60% |

资料来源：邹蕴涵：《我国产能过剩现状及去产能政策建议》，http://www.sic.gov.cn/News/455/7349.htm。

二是服务业尤其是生产性服务业发展长期滞后。由于我国在国际产业分工中长期处于价值链低端，产业链条短，主要集中在加工制造环节，而对研发、设计、营销、供应链管理等生产性服务业的需求又存在较强的对外依赖，导致生产性服务业发展相对滞后；同时，产业链高端环节的缺失，使企业间只能依赖价格竞争来占据市场优势，从而使得国民收入难以提高，生活服务业也很难快速发展。

与发达国家相比，当前我国无论是服务业占 GDP 比重还是就业占比都明显低于发达国家。据统计，1978 年我国第三产业在 GDP 中的比重仅为 23.9%，尽管到 2016 年上升到 51.6%，但这与发达国家平均 70%的第三产业比重仍有较大差距。

三是国际分工固化在价值链低端，贸易条件不断恶化。长期以来，由于我国企业多数处于产业链低端，企业之间的竞争只能在价格层面展开，激烈的价格竞争使得我国出口的价格贸易条件和要素贸易条件不断恶化，贸易摩擦激增。一直以来，我国对外贸易的增长主要依靠数量扩张来拉动，这虽然实现了收入贸易条件的改善，但其对居民收入增长、社会福利增加的带动较为有限。主要是：一方面，外资通过控制技术、品牌、供应链管理和营销渠道，充分利用我国的税收优惠政策，以价格转移的方式获得了参与全球分工的主要利益；另一方面，我国出口的持续高速增长，有相当一部分是建立在过度使用资源、破坏环境和牺牲劳动者福利基础之上的。这就导致我国已经连续十多年遭遇国外贸易救济调查数量名列全球第一。尤其是国际金融危机以后，随着贸易保护主义的抬头，针对我国的贸易摩擦不断增多。

四是资源环境恶化已经到了难以为继的地步。进入新世纪以来，随着不断扩大的工业品生产能力，我国资源消费量不断激增，据统计，我国每年煤炭、铁矿石、铝土矿等消费量一度曾占据全球同类资源消费量的一半左右，铁矿石、铜精矿超过 60%，原油、铝土矿对外依存度超过 50%。大量的能源消耗，使国内空气质量不断下降，进入 2010 年以后，全国各地雾霾天气频繁出现，波及范围不断扩大，影响程度日益加深，各地水体和土壤污染累积性负面效应不断显现。

## 三、跨越“中等收入陷阱”、实现“两个一百年”奋斗目标需要新旧动能转换

经过多年的发展，我国经济取得长足进步，制造能力不断增强，综合国力显著提升，2014 年经济总量首次突破 10 万亿美元大关，人均国内生产总值达到中等收入国家平均水平，社会事业全面发展，世界上最大的基本民生保障网初步编织成形。但这与党的十八大报告提出的“两个一百年”奋斗目标：即在党成立一百年时全面建成小康社会，在新中国成立一百年时建成富强民主文明和谐的社会主义现代化国家，还有较大差距。迫切需要促进新经济发展，培育新的经济发展动能，改造旧的传统动能，确保我国顺利跨越“中等收入陷阱”。

发展新经济、培育新动能是正确引领经济发展新常态的必然选择。推进“大众创业万众创新”可以有效催生新技术、新业态和新产业，有效创造新需求，满足人民日益增长的物质需要，提升经济的内生性增长动力，突破制约我国经济发展的各种障碍，顺利跨越“中等收入陷阱”。

培育新动能、改造旧动能是全面建成小康社会的重要保障。培育新动能需要通过“众创、众包、众筹、众扶”等新平台发展新产业、生产新产品，改造旧动能需要更好地利用好各种资源，更好地发挥人民群众的潜能，对不适应经济发展，不能满足人民需要的各种产业、产能进行改造，使其能够适应新需求的需要，使人民的收入水平得到普遍提升，进而推进全面建成小康社会。

发展新经济是经济实现高质量发展的必由之路。推动“大众创业万众创新”，释放民智民力，可以有效促进新经济发展，为培育壮

大新动能、打造经济新引擎积聚能量，从而使产业由“低端”迈向“中高端”水平，经济发展实现低质量向高质量的转变。

## 第二节 “双创”是拉动经济持续增长的核心动力

世界经济发展的实践证明，创新是社会进步之魂。不论是在劳动力驱动的时代，还是资金等要素驱动时代，以及经济发展方式转型升级时代，都需要创新为经济发展提供源源不断的新产品、新技术、新模式，都需要创业来开创新供给、新市场，新需求，推动经济中长期增长动力形成。近年来，我国劳动力、资金、土地等要素已尽显颓态，迫切需要“双创”这一核心动力，融入到转变经济发展方式的实践中，进而推动中国经济获得永续发展的不竭动力。具体来看，“双创”主要通过促进要素资源整合、推进企业多样化、扩大社会需求等途径，促进劳动生产率提高，拉动经济增长。

### 一、“双创”促进要素资源整合，拉动经济增长

一般来说，创新创业过程是一个运用创新的知识去创业或模仿已经存在的商业活动的过程，是通过知识溢出的导管，提供一种知识渗透过滤的机制，进而促进经济增长。创新创业通过知识溢出，可以实现要素的重新组合，实现对现有的资本、劳动力、物质资源等有形要素的重新组合，并利用知识、技术、企业组织制度和商业模式等无形要素，运用创新的知识和技术改造物质资本、提升投入要素的质量和促进包括技术资本、人力资本、知识资本等多种要素的积累，进而拉动经济增长。

近年来，为了提高各类创新创业要素资源的整合效率，包括众创空间、孵化器、加速器、高新技术产业园区在内的、完整的创业孵化服务链条在全国逐步建立起来。当前全国4298家众创空间，与3255家科技企业孵化器和400余家企业加速器共同形成接替有序的创新创业孵化链条，2016年服务的创业团队和初创企业近40万家，带动就业超过200万人，实现了创新、创业、就业的有机结合与良性循环。

## 众创空间打开了投资与孵化相结合的大门

“投资+孵化”已成为众创空间发展的重要模式。近400家众创空间是由投资机构直接建立的。2881家众创空间帮助1.5万个服务的团队和企业获得投资，投资总额约539.6亿元，其中民间社会资本投资444.6亿元，众创空间自身投资创业企业约78.8亿元。另外，众创空间还帮助2.2万家在孵企业获得27亿元的政府资助。

在帮助企业获得投融资的同时，优秀众创空间也受到资本的青睐。截至2016年底，共有808家众创空间获得社会资本投资，上海众创空间“苏河汇”2015年11月登陆新三板，成为国内首家登陆新三板的众创空间；氪空间、创新工场、纳什空间、因果树、优客工场等众创空间累计获得投资已达55亿元；“黑马会”以创业培训和投资为主要业务，年利润过亿元；另外，北京“创新工场”“宏福孵化器”“公司宝”“科技寺”“嬴家伟业”、广东“新基地”等众创空间陆续在新三板成功挂牌。据统计，全国众创空间有53%获得财政补贴，补贴额达到22.8亿元。

资料来源：国家发改委：《2016年中国大众创业万众创新发展报告》，人民出版社2017年版。

## 科技企业孵化器实现全要素供给、全方位服务

当前我国孵化器在资金、技术、人才、场地等创新创业要素资源供给上相对充足。2016年，全国孵化器自身拥有孵化资金已达688亿元，当年得到各级各部门科技计划经费支持61亿元，各类技术平台投入70亿元，聚集大专以上科技人员超过163万人，创业服务人员5万人，孵化场地超过1亿平方米。

提供的创新创业服务更加优质全面。2016年，孵化器服务收入达116.8亿元，占总收入比重达到37.9%，首次超过房租物业收入(31.6%)，投资收入比重也达到9.3%。2016年，全国孵化器共聘请创业导师3.2万人，导师对接和服务在孵企业8.1万家，占到在孵企业总数的61%。全年开展了38期孵化器从业人员初中高级培训，参训人员达到4743人，累计参训人数已占到孵化器从业人员总数的28%。孵化器与2.3万家各类中介服务机构签约共同服务创业者，当年在孵企业开展创业教育活动6.7万场，累计参训达232.5万人次。

优秀孵化器的卓著业绩得到国内外的普遍认可。西安高新区创业园发展中心、上海浦东软件园孵化器获得亚洲企业孵化器协会“最佳孵化器奖”。上海杨浦创业中心获得上海质量金奖和中国质量奖，其负责人获得国家五一劳动奖章，这是中国孵化器行业首次获得行业质量金奖，广东国际企业孵化器还获得广东省科技进步一等奖。

资料来源：国家发改委：《2016年中国大众创业万众创新发展报告》，人民出版社2017年版。

## 二、"双创"促进企业多样化，拉动经济增长

"双创"与经济增长的关系可以从个人层面、企业层面和宏观层面进行分析；个人层面看，通过创业，创业者个人可以将自身或团队拥有的知识与技能以及其他创业特质转化到创业活动中，使创办的企业能够顺利进入市场，并在此基础上，继续不断发展创新。随着创业活动的增加，宏观层面上将表现为各种企业的出现，并呈现多样化特点，虽然这样会使企业之间的竞争更加激烈，但在竞争中会出现一些企业不断发展壮大，而另一些企业则被淘汰出局，从而完成了市场的选择过程。对于那些创业失败者，创业过程还存在着一种反馈机制，即一些创业失败者在创业过程中虽然没有成功，但收获了自己创业技能的提高，往往会选择再次创业，并逐渐习惯将创业作为一种生活方式。而"双创"与经济增长的关系，可以从两个方面发生作用：一方面，通过创新创业可以在宏观层面上表现为企业的多样化，而企业之间的竞争和选择过程将直接增强整个经济的竞争力，推进经济增长；另一方面，创新创业的成功为"双创"企业创造出较好的经济和社会效益，既满足了创新创业者自我价值的实现，又促进其财富的增长，还推动了企业所在行业的发展，促进了所在区域和国家的经济增长。从理论上讲，在创新驱动经济发展阶段，劳动者数量与企业规模不一定再继续扩张，而且，从效率来讲，创新驱动阶段企业平均规模往往会小于投资驱动阶段，企业的竞争力不再反映在规模上，而是反映在人员素质、创新活力上。创业企业通过对市场机会的发现和把握而不断发展和及时调整，企业的结构更加动态化、服务更加多样化。正是这些特点使得创业企

业能够灵活地适应甚至是创造出新的市场需求，新的经济增长被不断增加的创业者所挖掘，经济发展的广度和深度也因此得到加强。

近年来，在新一轮科技革命和产业变革快速孕育兴起、商事制度等改革深入推进的背景下，市场主体连续保持高速增长态势，企业活跃程度明显提升，结构发生积极变化。市场主体持续保持快速增长势头。2016 年全国新登记市场主体 1651.3 万户，同比增长 11.6%，平均每天新登记 4.51 万户。其中，新登记企业 552.8 万户，比 2015 年增长 24.5%；平均每天新登记企业 1.51 万户，比 2015 年多出 0.31 万户；注册资本（金）总额 41.9 万亿元，比 2015 年增长 44.6%。截至 2016 年底，我国企业数量达 2596.1 万户，同比增长 18.8%，企业数量连续四年实现两位数增长。

创业质量明显提高。新创办企业活跃度不断提升，工商总局抽样调查显示，新设立的小微企业周年开业率达 70.8%，近八成企业实现营业收入。互联网创业继续向更广领域拓展，共享单车、自媒体、微创业等蓬勃兴起。新创企业科技含量不断提升，虚拟现实、增强现实、大数据、人工智能、机器人、生物医药等领域创业企业大量涌现，技术驱动型新创企业逐步增多。以中关村为例，据统计，2016 年中关村示范区新创办科技型企业 24607 家，同比增长 1.5%。

## 专业孵化器加快促进科技成果转化

中央企业利用自身科研、技术、产业等资源，打造一批创客工作室、众创空间、企业孵化器等专业孵化平台，并为入驻企业和创业团队提供专业化服务，实现“创意→技术”“技术→产品”“产品→产业”的多级孵化，有效促进创新创业联动，加快科技成果向现实生产力转化。目前，中央企业已经建成实体孵化器 128 家，总运营面积超过250万平方米。入驻企业和团队近7000个，创客数量超过3万人，其中，外部企业和外部创客占到四分之三以上。新三板挂牌企业超过40家，累计融资额超过100亿元。其中，典型大企业专业孵化器包括：天翼创投孵化平台，即中国电信在上海建立的天翼创投孵化平台，共征集1897个内部创新项目。平台内近200个项目成功入孵，5家公司获得A轮融资；“蛇口网谷”等专业孵化器，即招商局集团与地方政府、知名孵化机构共同投资运营的“蛇口网谷”等专业孵化器16家，入驻创业团队762个，其中新三板挂牌企业5家。

资料来源：国家发改委：《2016年中国大众创业万众创新发展报告》，人民出版社2017年版。

高成长性企业快速涌现。全国有71家互联网公司估值超过10亿美元，进入“2016年独角兽俱乐部”。一批企业跻身全球性高成长高估值企业榜单行列。据统计，入选《麻省理工科技评论》“2016全球50家最具创新力科技公司”的中国初创企业数量已达到5家；根据2016年被誉为全球风投机构风向标的美国等各创投研机构CB Insights，对外公布的“全球独角兽企业榜单”，中国新上榜企业数量与美国旗鼓相当；毕马威与投资公司H2Ventures联合发布的“2016全球金融科技100强”中8家中国企业入选。

表2-2 入选《麻省理工科技评论》“2016全球50家最具创新力科技公司”名单

| 公司名称 | 总部位置 | 业务范围 | 公司性质 | 公司估值 |
|---|---|---|---|---|
| Amazon | 美国 | 网络与数字媒体 | 已上市 | 3370亿美元 |
| 百度 | 中国 | 网络与数字媒体 | 已上市 | 550亿美元 |
| Illumina | 美国 | 生物技术 | 已上市 | 200亿美元 |

续表

| 公司名称 | 总部位置 | 业务范围 | 公司性质 | 公司估值 |
|---|---|---|---|---|
| Tesla Motors | 美国 | 交通运输 | 已上市 | 280 亿美元 |
| Aquion Energy | 美国 | 能源 | 私营 | 无法估值 |
| Mobileye | 以色列 | 计算机和通信 | 已上市 | 80 亿美元 |
| 23andMe | 美国 | 生物技术 | 私营 | 11 亿美元 |
| Alphabet | 美国 | 互联网和数字媒体 | 已上市 | 4910 亿美元 |
| Spark Therapeutics | 美国 | 生物技术 | 已上市 | 9. 18 亿美元 |
| 华为 | 中国 | 计算机和通信 | 私营 | 未知 |
| First Solar | 美国 | 能源 | 已上市 | 50 亿美元 |
| Nvidia | 美国 | 计算机和通信 | 已上市 | 220 亿美元 |
| Cellectis | 美国 | 生物技术 | 已上市 | 10 亿美元 |
| Enlitic | 美国 | 生物技术 | 私营 | 未知 |
| Facebook | 美国 | 互联网和数字媒体 | 已上市 | 3450 亿美元 |
| SpaceX | 美国 | 交通运输 | 私营 | 120 亿美元 |
| Toyota | 日本 | 交通运输 | 已上市 | 1520 亿美元 |
| Airware | 美国 | 无人机 | 私营 | 未知 |
| IDE Technologies | 以色列 | 能源 | 私营 | 无法估值 |
| 腾讯 | 中国 | 互联网和数字媒体 | 已上市 | 1930 亿美元 |
| 滴滴出行 | 中国 | 交通运输 | 私营 | 自估 280 亿美元 |
| OxfordNanopore | 英国 | 生物技术 | 私营 | 未知 |
| 24M | 英国 | 能源 | 私营 | 未知 |
| 阿里巴巴 | 中国 | 互联网与数字媒体 | 已上市 | 1920 亿美元 |
| Bristol-Myers Squibb | 美国 | 生物技术 | 已上市 | 1190 亿美元 |
| Microsoft | 美国 | 计算机和通信 | 已上市 | 4050 亿美元 |
| Fanuc | 日本 | 工业机器人 | 已上市 | 300 亿美元 |
| Sonnen | 德国 | 能源 | 私营 | 未知 |
| Improbable | 英国 | 计算机和通信 | 私营 | 未知 |
| Movidius | 美国 | 计算机和通信 | 私营 | 未知 |
| Intrexon | 美国 | 生物技术 | 已上市 | 30 亿美元 |
| Carbon | 美国 | 3D 打印 | 私营 | 未知 |

续表

| 公司名称 | 总部位置 | 业务范围 | 公司性质 | 公司估值 |
|---|---|---|---|---|
| Bosch | 德国 | 工业制造 | 已上市 | 6490 亿美元 |
| T2Biosystems | 美国 | 生物技术 | 已上市 | 2.01 亿美元 |
| Editas 制药 | 美国 | 生物技术 | 已上市 | 10 亿美元 |
| Nestlé | 瑞士 | 生物技术 | 已上市 | 2380 亿美元 |
| RetroSense Therapeutics | 美国 | 生物技术 | 私营 | 未知 |
| Line | 日本 | 网络与数字媒体 | 私营 | 预计超 50 亿美元 |
| TransferWise | 英国 | 计算与通信技术 | 私营 | 11 亿美元 |
| Veritas 基因 | 美国 | 生物技术 | 私营 | 未知 |
| FireEye | 美国 | 计算与通信技术 | 已上市 | 20 亿美元 |
| SevenBridges | 美国 | 计算与通信技术 | 私营 | 未知 |
| Slack | 美国 | 计算与通信技术 | 私营 | 40 亿美元 |
| Coupang | 韩国 | 网络及数字媒体 | 私营 | 50 亿美元 |
| IBM | 美国 | 计算与通信技术 | 已上市 | 1420 亿美元 |
| Snapchat | 美国 | 网络及数字媒体 | 私营 | 200 亿美元 |
| Africa Internet Group | 尼日利亚 | 网络与数字媒体 | 私营 | 10 亿美元 |
| LittleBits | 美国 | 计算与通信技术 | 私营 | 未知 |
| Intel | 美国 | 计算与通信技术 | 已上市 | 1400 亿美元 |
| Monsanto | 美国 | 生物技术 | 已上市 | 440 亿美元 |

## 高新区瞪羚企业情况

2085 家瞪羚企业共分布于 127 个国家高新区。目前，国家高新区瞪羚企业区域分布相对集中：七成以上的瞪羚企业分布于 20 个高新区当中，其中瞪羚企业数量排名位于前十的高新区共拥有瞪羚企业 1182 家，占国家高新区瞪羚企业总数的 56.7%。北京中关村瞪羚企业培育工作成效十分突出，瞪羚企业数量达到 535 家，占国家高新区瞪羚企业总量的 25%。

资料来源：国家发改委：《2016 年中国大众创业万众创新发展报

告》，人民出版社 2017 年版。

## 中关村独角兽企业情况

独角兽企业是指估值超过 10 亿美元的移动互联网软件公司。自 2013 年 11 月“独角兽”概念被提出后，迅速在全球科技界和投资界得到认可，相继有多家国外研究机构及专业媒体发布了自己的榜单。

40 家独角兽企业总估值 1462.1 亿美元，平均估值 36.56 亿美元。其中有 3 家独角兽估值超过 100 亿美元，分别是小米、美团点评、滴滴出行，这 3 家的估值总和占所有独角兽企业总和的一半多；有 2 家估值在 50 亿—99 亿美元之间，分别是京东金融和乐视移动；有 4 家估值在 30 亿—49 亿美元之间，分别是乐视体育、神州专车、搜狗、凡客；有 3 家估值在 20 亿—29 亿美元之间，分别是爱奇艺、科信美德、惠民网；另外，易到用车、APUS group、金山云等 13 家估值介于 10 亿—19 亿美元之间；车易拍、趣分期、一下科技等 15 家估值为 10 亿美元。

中关村独角兽榜单中企业共涉及 15 个行业领域，从估值上看，消费电子、电子商务、互联网金融和交通运输为估值前四领域。从企业分布的行业领域看，电子商务有 14 家，为最多；其次是互联网金融 6 家；软件技术 4 家；交通运输 3 家，消费电子和大健康领域各有 2 家，体育、大数据、云服务、移动竞技、旅游、物流、在线教育、传媒和服装各 1 家。

资料来源：国家发改委：《2016 年中国大众创业万众创新发展报告》，人民出版社 2017 年版。

## 三、"双创"扩大社会需求，拉动经济增长

"双创"对一个国家或地区经济增长的促进作用，体现在投资、消费和出口三个方面：

**一是"双创"促进一定规模的投资。**任何一种创业都涉及投资行为，创业既对固定资产进行投资，也对知识性资产进行投资，无论在创业的前期、发展期，还是扩张期、成熟期等都可能涉及投资。通常情况下，创业时期的投资与创业企业的规模大小无必然关联，小到个体户，大到跨国企业，每一个创业企业在创业的第一步都必须进行投资。创业企业的投资既可以包括实物投资，也可以包括资本投资、证券投资。实物投资包括餐饮类企业购买的锅、碗、瓢、盆，互联网企业购买的电脑、打印机、打印用纸、硒鼓等；固定资产投资包括设立工厂需要购买的土地、盖厂房、买车等；证券投资包括处于创业中后期企业对证券债券的投资。可见，"双创"是一种投资行为，必然能够带动经济增长，对地区经济产生促进作用。

**二是"双创"促进消费增长。**任何一种创业行为同时也是一种消费行为，并且会带动一系列消费的发生。在创业过程中，创业企业通过购买办公用品、支付员工的午饭实现消费。当企业业务涉及与互联网公司、广告公司、物流公司、包装公司等的合作时，企业购买互联网的网络服务、广告公司的广告策划、物流公司的物流服务、产品包装也可以看作是一种消费行为。此外，企业与互联网公司、广告公司、物流公司、包装公司等的合作行为会引起一系列的消费循环，即消费的乘数效应，进而促进经济增长。

**三是“双创”推动出口。**新创企业里有的自身就是出口企业，或者有的创业行为会涉及出口，有的创业行为会带动出口。在互联网时代，地区与国家之间的地理区位被打破，一些以互联网为媒介的新创企业，在创立之初就是跨国企业，就开始进行国际贸易活动，这样的企业创业就是一种出口行为。可见，“双创”涉及出口，可以通过出口来带动经济增长。

## 第三节 “双创”是推动经济结构调整的主要动力

创新创业除了拉动经济增长，还是推动经济结构调整的主要动力。主要通过催生新动能改造旧动能、推动产业结构调整、促进地区经济发展等方面来实现经济结构的调整与优化。

### 一、“双创”催生新动能改造旧动能

培育新动能、改造旧动能是经济转型的关键。通常情况下，创新创业活动是创新创业者将自身拥有的知识产权、技术发明、特殊技能等应用到生产活动中，并推动其实现商业化的过程。这种活动的结果可能是企业通过嫁接或裂变进入新的产业领域，或者新技术与已有产业被整合形成新的产业，或将已有产业改造形成新的产业，以此提高国际竞争力，优化产业结构。在新的产业发展壮大，向主导产业转变的过程中，经济发展的新动能也随之形成，旧动能随之改造，进而实现其对经济增长的加倍带动作用。

近年来，随着“双创”的发展，新产品、新创办企业大量涌现，新技术、新业态、新模式蓬勃发展，不仅推动了传统产业的改造提

升，而且促进了战略性新兴产业快速壮大，现代服务业加快发展，创造出更多新供给，释放出更多新需求，汇聚成为新的经济动能。在创新创业的推动下，我国移动互联网、云计算、物联网、大数据、3D打印等新技术应用领域和范围不断拓展，成果加速转化，新一代信息技术、节能环保、生物医药与健康服务等一批新兴产业快速发展壮大，新的产业增长点蓬勃发展。如移动互联网迅速普及应用，2016年全国移动互联网用户数突破10亿，移动宽带（3G/4G）用户已占60%。移动互联网接入流量消费达93.6亿G，月户均移动互联网接入流量突破1G，手机上网流量达到37.59亿G，在移动互联网总流量中的比重达到89.8%。云计算应用从政府、金融等领域向制造、交通、医疗健康等行业延伸。物联网产业发展模式逐渐清晰，2016年全国物联网产业规模突破7500亿元。大数据产业初具规模，2016年全国大数据市场规模达到168亿元。3D打印领域涌现出了一批销售额千万级的优势企业，形成了一批集聚区。随着“互联网+创新创业”的深入推进，基于大数据、云计算、物联网的服务应用和创新日益活跃。互联网金融、互联网教育、创意设计、远程诊断、系统流程服务、设备生命周期管理服务等新业态发展迅速。互联网与各行业的深度融合，推动新模式不断涌现。如股权众筹模式井喷式增长，即使在2016年加强监管的背景下，全国全年众筹平台数量仍达到337家，筹资220亿元。在交通出行领域，涌现出滴滴打车、滴滴顺风车、神州专车等新的消费模式，摩拜、ofo、永安行等各种共享单车大量兴起，极大地方便了人们的出行，提高了交通运力配置效率。在生活服务领域，数字家庭、智慧社区等新的服务模式快速发展，市场上已经形成家居自动化、家居安防、能源管理与信息娱乐等主要产品类型，拓展了消费渠道。

## 二、“双创”推动结构调整与优化

产业结构优化的目标是资源配置最优化和宏观经济效益最大化，即实现产业结构的高度化和合理化，最终实现经济持续快速增长。产业结构的优化升级最主要是靠创新创业推动，而“双创”是产业结构优化升级最主要的推动力。推动“大众创业万众创新”，可以加快产业结构转型，增强经济发展新动能，加快形成经济发展新方式。创新创业通过不断更新产业所依赖的特定的知识基础，推动其提高产业技术水平，推动本产业发展，带动上下游产业的创新，催生新的相关服务性产业。创新创业资源在不同产业之间的合理配置，可以促进我国产业结构的优化。创新创业推动新工艺、新产品不断涌现，并发展成新的生产部门和行业，这些新的生产部门凭借自身的技术优势，能够迅速积聚各种资源，规模不断扩张，市场势力迅速膨胀，甚至垄断市场。

在创新创业过程中，创新创业者可以是科技工作者、企业高管、普通职员、退役军人、再就业人员、毕业学生、家庭主妇等各类群体中任何一个打算或者积极尝试开创新事业的个人。当这些个人正式进行创业并创建起企业之后，就意味着新企业进入了市场。这些初创的企业将通过引进新产品、发现新的生产方式等创新行动来实现企业的价值。除此之外，原有企业的退出、合并、再造以及债权人的创新，初创企业的适应性调整都会产生累积效应，最终引发产业结构的重新构建。一些产业必然会从宏观层面退出，而另一些企业则发生会合并，从而带动不同部门、不同区域的产业重构。

近年来，在各级政府的大力推动下，越来越多的人加入创新创业大军，从“草根”到精英，从城市到乡村，从内容创业到自媒体……创新创业正在全社会成为一种价值导向、生活方式和时代气息。更多大学生主动投身创业。在国家创新创业政策的引导下，随着社会各界对大学生创业实践支持力度的不断加大，在校大学生的创业意愿日趋增强，创业能力不断提高，自觉、自愿、自发参与创新创业的氛围正在形成。据有关机构调查，全国近九成的在校大学生具有创业意向，其中：近两成拥有强烈的创业意向，七成以上在校大学生的创业动机是自我价值实现。相关研究报告显示，青年创业已占到创业者总体比例的 41.7%，机会型创业已经占到 64.3%，比 2005 年高出 11.1 个百分点、比 2010 年高出 6.8 个百分点。“海归”创业热潮持续高涨。各级政府高度重视人才在创新创业发展中的核心作用，制定了一系列高端留学人才吸引计划，越来越多的“海归”放弃国外优越的生活条件和优厚的工资待遇，怀揣实现自我价值的梦想，主动回国创业，在虚拟现实、生物医药、人工智能、机器人、节能环保等领域创办了一大批企业，成为引领创新创业最为活跃的群体。截至 2015 年底，我国留学回国人员总数达到 221.86 万，其中 2015 年回国 40.91 万人，比上年增长 12.1%。全国建成各级各类留学人员创业园 321 个，入园企业 2.4 万家，6.7 万名留学人才在园创业。返乡下乡创业呈现星火燎原之势：在政府的引导、鼓励和扶持下，一大批有经验、有技术、有资金的外出务工人员纷纷回到家乡创业，也有越来越多的中高等院校毕业生、白领、退休人员、退役士兵、科技人员和企业家返乡下乡创业，做起了“新农人”，从事农村电商、农业观光旅游、绿色农产品生产和加工等行业，正成为美丽乡村的建设者、现代农业的推动者、农产品产销对接的链接者，为农村、农业发展和农民增收注入新动力。据对部分地区调查显示，这两年返乡创业的新增比例超过外出务工人数新增比例，回乡创业正成为新热潮。大企业成为创新创业的重要生力军：一批以中央企业为代表的大企业，积极探索实施技术入股、收益提成、内部技术转移、创业人员管理等激励机制，搭建各类创新创业平台，加强与中小企业、科研院所、高校和社会创新创业群体协同，推动创新创业。目前，中央企业已建成各类互联网“双创”平台110个，平台用户注册数近204万，其中企业用户60万，社会创客144万；中央企业内部子企业和创客51万，带动社会企业和创客153万。

## 高水平互联网双创平台有效集聚企业和社会创新力量

中央企业依托互联网、云计算、大数据等方式，打造开放协同的“互联网+”创新创业平台，积极拓展新业务，有力推动了中央企业转型升级和提质增效。目前，中央企业已建成各类互联网双创平台110个，平台用户注册数近204万，其中企业用户60万，社会创客数量144万；中央企业内部子企业和创客达51万，带动社会企业和创客数量达153万。签订合同452万个，签订合同额超1万亿元，其中，中央企业内部之间签订合同8.3万个，合同额300亿元；中央企业与社会之间签订合同394万个，合同额9000亿元；社会间合同近49万个，合同额875亿元。汇聚科技服务机构数超过1200个，实现线上化的仪器设备、技术成果等创新资源超过17万个，互联网平台集众智众创的效果不断显现。典型大企业互联网双创平台包括：航天科工打造的基于“互联网+智能制造”的“航天云网”，平台注册企业已达25万户、承担社会创新创业项目1052个，还实现了1.3万台（套）设备仪器、数万项专利和专家资源线上化；“中航工业打造的工业互联创新平台“中航爱创客”，注册用户超30万，汇聚创业资源1.1万项，拥有进入孵化阶段项目近100个；中国中车构建的互联网创新平台“云链金融”，上线一年来已注册企业用户超4000家，其中中小企业占80%以上，平台交易额突破150亿元，促进了中小企业快速融资。

资料来源：国家发改委：《2016年中国大众创业万众创新发展报告》，人民出版社2017年版。

## 科技产业园区带动中小企业发展和新兴产业培育

中央企业将“双创”与本企业及行业发展需要相结合，建立各类科技产业公司、产业化基地等，通过细分园区高新技术初创企业，为其提供创意孵化、创业辅导、产业培育、管理服务等全生命周期综合服务，满足各类创客团体创业需求，实现企业快速发展。目前，中央企业已建成各类科技产业园区73个，园区面积达1.98亿平方米，已进驻企业6800个，其中上市公司123家，2016年实现新增就业超过5万人。典型大企业科技产业园区包括：中国电子的科技产业园区，在全国建有23个产业园，面积超过3000万平方米，进驻创业企业超过1400个，孵化上市企业35家，其中创业板3家，三板上市32家；中国普天的科技产业园区，在全国建设9个创新创业基地和产业园区，建成3个国家级科技企业孵化器，建筑面积54万平方米。2015年入园企业618家，实现营业收入236.5亿元，纳税总额21.4亿元。

资料来源：国家发改委：《2016年中国大众创业万众创新发展报告》，人民出版社2017年版。

## 三、“双创” 推动地区经济转型升级

从我国经济发展实践来看，一个地区的经济发展依赖于创新创业活动，依赖于企业间的竞争。一般来说，一个地方的竞争越普及，就越能加快创新思想的创造和改进，当地相关产业越具有竞争优势。当创业者将创新性想法和成果进行商业化转化和推向市场时，会降低创新者的绝对收益，但同时也会产生进一步创新的动力，从而促使落后企业因竞争对手的创新活动而惨遭淘汰，而对于技术上领先的企业，在这种环境下也需要不断持续创新，以保持其竞争优势。

近年来，在国家相关政策的作用下，北京、上海、深圳等地区着力营造良好的创新创业生态，掀起新一轮科技创业热潮，涌现出大批极具发展潜力的创业企业，创新创业实现新突破。部分地区战略性新兴产业实现快速发展，成为支撑区域产业转型升级、经济持续发展的核心力量。如上海着眼于建设具有全球影响力的科技创新中心，发挥改革前沿、要素汇聚的综合优势，“四新” 经济蓬勃发展。浙江一批创业梦想小镇快速兴起，集聚了一大批创业者和项目，电子商务、智慧安防、智慧医疗等产业集群快速发展壮大。武汉、西安等地充分发挥科教军工资源密集优势，大力推进科技创业，努力把智力资源优势转化为创新创业优势。成都、重庆等地依托文化、产业等基础优势，实施创新创业行动计划，大力推进 “大众创业万众创新”，为经济转型注入强大动力。吉林省战略性新兴产业产值对工业增长的贡献率近五分之一。大连市战略性新兴产业工业增加值同比实现近 20%增长，对本市工业增长贡献率超过三分之一。深圳作为我国通过创新创业率先完成经济转型的重要样板，“十二五” 以来，一直坚持以鼓励自主创新、树立深圳质量为理念，积极谋划创

新驱动、主动作为力促经济提质增效，实现以改革促发展、促创新、促开放、惠民生，在转换经济发展动力、确保经济有质量增长等方面取得显著成效。从深圳经济发展的结果来看，产业结构高级化与合理化的程度不断提升，价值链攀升成效显著，同时节能减排、提质增效取得显著进展，深圳质量成为经济发展的核心理念，经济内涵式发展特征明显。2016 年地区生产总值 19490 亿元，其中：现代服务业增加值 8278 亿元，占整个服务业比重接近七成；先进制造业增加值 5428 亿元；高技术制造业增加值 6560 亿元。七大战略性新兴产业中，生物产业增加值 222 亿元，互联网产业增加值 767 亿元，新能源产业增加值 592 亿元，新一代信息技术产业增加值 4052 亿元，新材料产业增加值 373 亿元，文化创意产业增加值 1950 亿元，节能环保产业增加值 402 亿元。七大战略性新兴产业合计对整体经济增长的贡献率已经超过 50%，全年实现税收两位数增长，对整体税收增长的贡献率约 20%。这些数据充分说明，创新创业重点行业的发展速度远远超过经济总体水平，对整体经济发展和转型起到了引领和带动作用。

## “双创”推进北京市海淀区加快发展

海淀区作为全国首批“双创”示范基地，深入贯彻实施京津冀协同发展战略和创新驱动发展战略，在更大范围、更高层次、更深程度上落实国家“双创”工作部署，高标准建设“双创”示范基地，深化服务型政府建设，强化区域协同创新，加强政策集成创新，优化创新创业生态，积极开展具有时代特征、引领效果、示范作用的先行先试改革，着力打造“双创”升级版。一是区域综合经济实力显著增强。海淀区 2016 年地区生产总值 5036.8 亿元，实际增长

7.5%。发展质量效益不断提高，五年来万元地区生产总值能耗、水耗分别累计下降22.2%、24.8%。二是创新驱动发展的新格局初步形成。先行先试引领优势不断巩固，五年来高新技术企业总收入年均增长15.4%，高新技术企业实现增加值占地区生产总值60%左右。创新创业活力日益活跃，近五年来技术合同成交额累计6635亿元，发明专利授权量年均增长18.5%。三是高精尖经济结构基本形成。创新引领、服务主导的高精尖产业结构有力支撑了经济增长，创客经济、平台经济、共享经济等新模式新经济快速发展。2016年海淀区三次产业比例为0.04∶11.13∶88.83，前三大行业信息服务业、科技服务业、金融业增加值在经济总量中占比达到54.3%，对经济增长的贡献率达73%。

资料来源：国家发改委：《2016年中国大众创业万众创新发展报告》，人民出版社2017年版。

# 第 三 章

# “双创”是就业创富源泉

“大众创业万众创新”不仅有着巨大的岗位创造效应，催生出许多新的职业、新的岗位、新的就业方式，满足广大劳动者的就业需求，把巨大的人口压力更多转化为社会经济活动所需要的人力资源，而且能够实现更加充分、更高质量的就业。更重要的是，“双创”还通过构建公平环境，给予更多人向上流动的机会和通道，不断推动社会阶层结构优化。同时，“双创”也为实现“人人参与、人人受益”的共享发展提供了可行的现实选择。全国工商联组织开展的持续推进“大众创业万众创新”政策举措落实情况第三方评估结果显示，有80.64%的受访者认为“双创”带动就业并深刻影响了社会就业和择业的观念，80.32%的受访者认为“双创”拓宽了社会纵向流动的渠道，体现了社会公平，增加了社会的包容性。

## 第一节 “双创”对缓解就业矛盾、增强社会流动性具有重要意义

就业是最大的民生，就业稳则心定、家宁、国安。实现更高质量和更加充分的就业，对于发挥人的创造能力、促进群众增收和保障基本生活、适应人们对自身价值的追求，促进经济持续健康发展、社会和谐稳定、顺利实现“两个一百年”奋斗目标，都有重要意义。作为世界人口第一大国，我国的就业形势从来都是比较严峻的。当前，经济发展进入新常态，我国就业面临新的挑战。一方面，劳动力供给趋于下降，急需转向创新驱动发展模式。另一方面，市场需求趋弱，中低端就业未来或面临较大困难，结构性矛盾突出。同时，因体制机制原因带来的社会阶层流动通道不畅等现象也日趋严重。

这都迫切需要积极推进“双创”及配套改革措施来稳定就业和促进社会流动。

## 一、劳动力供给新形势要求转变就业模式

当前我国劳动力供给面临新形势，表现在总量下降而老龄化严重，这就要求通过推动“双创”，加快转变就业模式，走创新驱动型发展模式。

从劳动供给总量来看，我国劳动力供给下降趋势已现，劳动年龄人口占比在下降，劳动力绝对人口数量也在下降。从数据上看，我国15—64岁年龄人口的比重在2010年已见顶并开始下降，2016年该比重为72.56%，比2010年下降了近2个百分点；从绝对数量看，2014年减少了145万人，2015年继续减少了160万人，2016年略有回升。

需要注意的是，这种劳动力供给的趋势变化并非短期，展望未来，多数研究对人口总量的判断是：我国人口总量大致在2030年之后趋于下降，人口老龄化的大趋势已经显现且不可逆转，劳动力总量也将相应下降。从总人口趋势看，《世界人口展望》(2015修订版)预测，我国人口在2028年将达到峰值，即14.16亿，随后会逐年下降，2030年为14.15亿，2050年为13.48亿，而到2050年15—59岁人口比重将降到50%，而60岁以上人口比例将达到36.5%。考虑到我国已经全面放开二孩的政策变化，预计会出现一定程度的生育反弹，不过这种反弹只是短期现象，从发达国家的经验看，经济发展程度较高的条件下，生育率普遍较低，未来很难达到人口更替水平（即总和生育率达到2.1）。王金营、戈艳霞（2016）对全面二孩生育政策实施背景下的人口趋势进行了预测，认为该政策可将总人

口峰值推迟到2030年的14.66亿，略大于政策不变时的结果，政策调整会在一定程度上放缓总人口和劳动力人口的减少速度，增加2035年之后的劳动力供给，但总人口的减少趋势并没有改变，2030年后我国人口将以平均每年640多万的规模持续减少，到2100年人口减少到10.16亿。

在劳动力供给情况发生变化的背景下，我国未来的就业也面临新的问题和矛盾。未来的就业模式不应是劳动密集型就业，而应转向人才技术密集型就业，使经济走向创新驱动的发展路径。“大众创业万众创新”正是实现这一转变的重要路径。

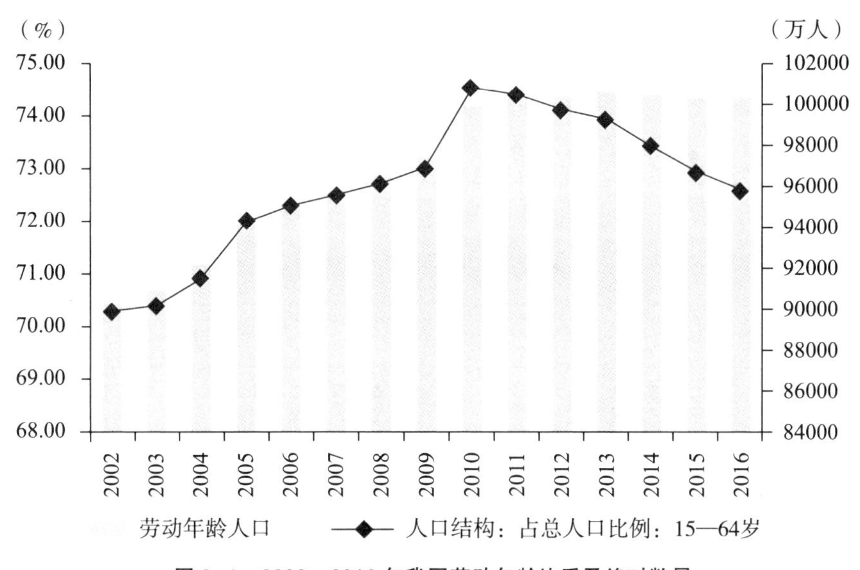

图3-1 2002—2016年我国劳动年龄比重及绝对数量

## 二、结构性就业矛盾突出要求守住就业底线

随着我国经济发展进入新常态，劳动力市场供求关系的深刻变化可能将导致结构性就业问题更加突出，需积极采取包括推进“双创”在内的一系列办法措施，坚决守住保就业等民生底线，提升就

业质量，缓解矛盾。

一是经济下行对总体就业的影响逐步显现。2010 年正是我国进入中上等收入国家行列的年份，然而自这一年起，经济增速持续下滑，2011 年告别了两位数，此后迅速告别“8 时代”“7 时代”，2016 年已降至 6.7%。尽管 2017 年逐步企稳，步入新的发展阶段，但经济换挡减速对就业带来较大冲击，企业扩张生产动力不足、招工意愿不强，特别是传统就业通道的劳动力需求持续走弱，基本可以抵消掉劳动力供给减少和劳动参与率下降的影响。

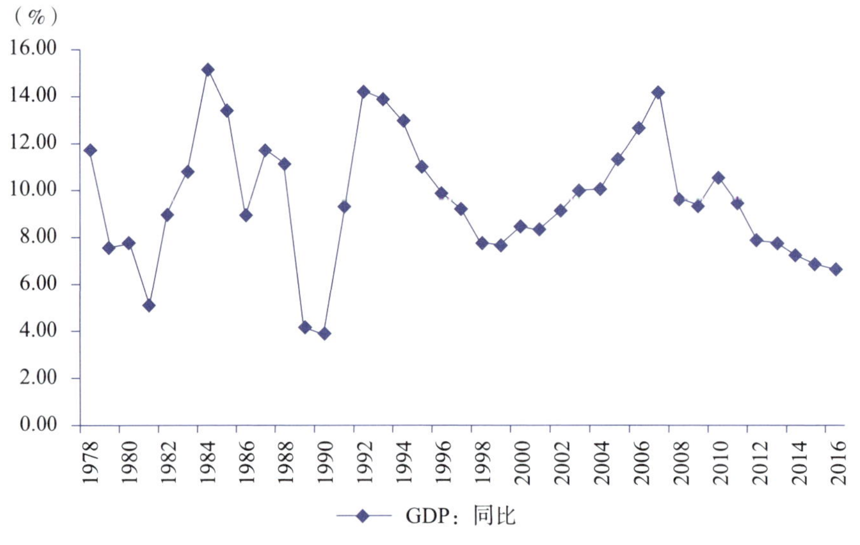


**图 3-2　我国经济增长趋势（1978—2016）**

资料来源：《中国统计年鉴》。

二是经济发展方式的转变带动就业结构发生变化，结构性矛盾加剧。一方面，高职毕业生等技能人才需求增大，而普通大学毕业生就业更加困难，中国社会科学院科研局、中国社会科学院数量经济与技术经济研究所与社会科学文献出版社共同发布的《经济蓝皮书：2016 年中国经济形势分析与预测》就显示，“蓝领”岗位需求增长较大，高职毕业生就业比较容易；但“白领”岗位需求增加较小，大学毕业生就业比较困难。另一方面，20 世纪末，人工智能和机器人发展热潮逐步出现，推动信息技术革命不断加速深化，极有可能成为第四次产业革命的支撑性技术。布莱恩·约弗森和麦卡菲（2014）在《第二次机器革命》中提出，目前世界正在进入第二次机器革命时代，将“开始对更多认知性的工作，以及更多的动力控制系统进行自动化”，届时资本和高技能劳动将更被需要。对此，全球范围内都表现出对“机器换人”的恐慌和焦虑，特别是减少中低端劳动力就业机会带来的各方面影响。我国也不例外，未来我国经济发展模式也很可能是去人工化的增长、就业不足/失业型增长，技术革新引致的需求更多是对高技能劳动的需求，而许多传统职业需求将大幅减少甚至消失，技术革新带动产业结构变迁的速度快于劳动力结构优化的速度，产业结构和劳动力结构不匹配问题会越来越严重。如不能妥善应对，大量低端劳动力失业，结构性就业矛盾更加凸显，影响社会稳定和经济健康发展。

三是供给侧结构性改革过程中也面临局部失业的阵痛。当前推进供给侧结构性改革过程中，去产能、去杠杆等一系列“减法”措施将淘汰相当一部分过剩产能。比如，钢铁行业在 2016 年已完成 6500 万吨产能退出，2017 年又提前完成 5000 万吨产能退出，并坚决取缔了 1.2 亿吨的地条钢产能。有关部门测算认为，单就钢铁领域要完成 1.5 亿吨去产能任务，就将涉及 50 万左右的直接就业人员和 100 万以上的间接就业人员失业，如果再加上煤炭、煤电以及其他领域去产能任务，问题可谓严峻。一方面与其紧密联系的部分就业岗位会被裁减，而新的岗位需求不仅需要一定时间产生，更需要老员工技能转换和提高才能实现匹配。

总体而言，结构性就业矛盾将是未来一段时期需积极应对的重大问题，“双创”则显然是其中最重要的药方之一。

## 三、社会阶层固化严重要求畅通纵向流动机制

改革开放近40年来，收入差距的扩大和收入分配不公问题已成为我国经济社会发展中的关注焦点之一。与人口在地理空间上的横向流动相比，我国人群在社会地位上的纵向流动尚不尽合理、不尽充分，一部分利益、阶层逐渐被固化，社会的流动性不足。近些年，社会阶层固化现象已然非常突出，各阶层向上流动的渠道狭窄，迫切需要积极推动“双创”以及相应的改革措施打造机会公平的市场环境，增多拓宽阶层流动通道。

尽管市场制度本身会带来很大的收入差距，但完善的市场制度往往具有畅通的社会阶层上升通道，流动性较强。然而，我国阶层固化的起点主要是体制制度层面造成的收入分配不公。我国户籍制度造成的城乡分割、地区分割、低端技能人口流动的限制等问题依然严重，垄断行业薪酬仍明显高于全部行业平均水平，教育医疗等公共资源分布仍不均衡，机关事业单位工资制度仍不健全，房地产税、遗产和赠与税仍未开征等。这些因素导致我国中下阶层向上流动的通道不断被挤压，“贫寒子弟无出路”“读书无用论”等论调甚嚣尘上。同时，财富存量差距的扩大，又进一步拉大收入流量差距，带来社会流动性的下降，具有很强的阶层固化效应，代际间也形成较为稳固的传递效应：父代财富和收入水平差距，会通过人力资本投资、社会资本和婚配等机制，影响子代成年后的发展。

社会阶层固化也加剧了各个阶层间的矛盾。富裕阶层与工薪阶

层之间的矛盾更难调和，社会的相对强势和相对弱势群体之间，容易形成类似的非理性心理倾向，很容易造成社会心理失衡，带来医患纠纷、劳资矛盾等，危及社会和谐稳定。同时，在社会阶层固化现象的背后，各群体对自身的认同感不强、幸福感不高。富裕阶层安全感不足，面临“原罪”和“仇富”等社会思潮冲击，移民倾向加重；中产阶层自我认同感缺失，在房市、股市、汇市等波动中随时有可能滑出中等收入群体；处于社会底层的民众向上流动的机会仍较有限，在2020年脱离绝对贫困之后，相对贫困问题将更加显性化，低保边缘群体不时会出现生活窘迫的局面。

## 我国的财富差距情况

财富是收入积累的结果，一般而言，财富分配差距大于收入分配差距。不少研究表明，近10多年来我国财富差距快速扩大。北京师范大学收入分配研究院的调查发现，2002年我国居民财产分配的基尼系数为0.55，2013年则接近0.73，与发达国家相当，2002—2013年间最富裕10%的人占有全社会财富的比重由37%上升至48%。其中，住房财富差距对总财富差距的贡献由64%升至79%，大中城市住房资产价格较高，没房户和有房户在资产价值上差距悬殊，且一旦形成很难逆转。西南财经大学中国家庭金融调查与研究中心的调查表明，2014年最高20%的家庭持有的金融资产总额占全国金融资产总额的比重高达64.2%。北京大学中国社会科学调查中心发布的《中国民生发展报告2014》认为，2012年我国的家庭净财产的基尼系数达到0.73，顶端1%的家庭占有全国1/3的财产，而底端25%的家庭只拥有财产总量的1%左右。

资料来源：笔者根据相关研究结果整理。

## 第二节　“双创”是带动就业的有效方式

“双创”就是要以创新引领创业，以创业带动就业。创业是最积极、最主动的就业，“双创”构建了从源头上创造就业的机制，在经济社会发展中体现以人为本发展的本质要求，体现“人力资源作为第一资源”的主体价值和作用。“双创”带动就业的核心在于改变了以往的被动就业模式，转为以人力资源为主导因素，在各类资源间寻找最优方案，实现更优资源配置效应。作为一项复杂的活动，创业不仅能解决创业者自身就业问题，还可以通过合伙创业、组建公司以及促进关联产业等方式带动更多人就业，培养和造就更多的创业主体，从而产生带动就业的倍增效应。可以说，创业是就业之源，开辟了就业新空间，并不断推动就业质量的提升。

具体来看，创业有三种就业带动效应，包括就业直接创造效应、就业关联效应和就业质量提高效应。

### 一、就业直接创造效应

就业直接创造效应指的是创新创业活动自身需要劳动力和人才投入，创造了新的就业岗位，总体上带动就业机会和数量的增加，推动当地经济发展。创业本身就是一种就业，而且还是一种更高阶段的就业。一人创业不仅能够实现自身就业，还能带动其他人就业。一个大学毕业生毕业以后选择自主创业，不但意味着他自己的工作问题得到了解决，还意味着他将本来属于自己的工作机会让给了别人，更加重要的是，他创办的公司和企业，可以解决身边很多室友、同学、校友的就业问题。也就是说，一个或数个大学生的创业，可以带动更多大学生的就业，进而为整个社会的就业问题作出贡献。当然，在市场容量一定的条件下，新的创业也可能会取代一部分原有正常就业岗位，但通常来说，“双创”活动对就业的直接创造效应是就业岗位实现了净增加。而且，在市场竞争作用下，这种岗位替代也有利于将人力资源配置在更有效率的地方。因而，“双创”正在推动我国就业机制积极变化，对推动经济社会发展，实施就业优先战略，促进充分就业提供新的动力。

特别值得提出的是，在就业的直接创造上，中小微企业的带动性要好于大企业。创业型就业的最大特点，就是突破了传统的“一人一岗”的就业模式，形成“一人带动一群岗位”的就业模式。基于灵活性的需要，创业企业在规模上通常以中小微企业为起点。创业行为之所以能够在带动就业方面起到巨大作用，主要原因是创业企业大多数设立门槛低、创业成本小，而且具有普适性，即适合各类群体的劳动者。相对来说，小规模的企业就业吸纳能力要比大规模的企业强得多。经合组织近期研究发现，员工规模在 19 人以下的企业创造就业的能力最强，而规模 500 人以上的大企业则基本不再创造新就业岗位。这主要是因为大企业随着规模增大日渐走向资本密集和技术密集型发展模式。我国 2016 年初创企业新增招聘岗位数超过了 240 万，对新增招聘岗位的贡献率达到了 18. 7%。

## 二、就业关联效应

“双创”的就业关联效应是指创新创业活动会促进关联产业的扩张，进而间接带动就业机会的增加。一般来说，每一个直接就业机会的增加就会带动1—2个关联就业。根据全球创业观察报告，每增加一个机会型创业者，当年带动的就业数量平均为2.77人，未来5年带动的就业数量为5.99人。最活跃的分享经济、网络经济都和“双创”密切相关，开拓了就业的新领域，新型的创业就业形式蓬勃发展起来，极大地发挥了创业带动就业的效应，由分享经济、网络经济带动实现的就业人数是千万数量级的。

从理论机制上看，就业关联效应主要通过三种途径实现：

一是创业企业带动关联产业的发展，从而提高关联产业的就业数量。创业企业作为新增的供给主体，往往会对当地的公共服务设施、零部件供应以及对相关领域提出量和质上的新要求，相关产业为满足新的产品和服务的需求，会适当扩张生产。在短期资本和劳动要素配比大体保持不变的条件下，劳动需求会随之增加。因为这种就业需求增加通常会沿着产业链一环一环地向外扩张，呈波浪式推进的特征，因而有些学者将其称为创业带动就业的“波浪效应”。

二是创新创业活动通过吸引要素聚集，进而扩张就业需求。创新创业活动作为一种外来的刺激因素，会为所在地吸引来新的资本、人才、技术等要素，从而推动产业扩张和升级以及经济的全面发展，由此形成新的更高层次的就业与投资需求。

三是创新创业活动通过推进市场深化和扩张，进而促进就业量增加。创新创业活动作为一种新的市场扩张因素，可推动当地市场不断深化和扩张，推动经济增长方式转型和资源配置效率提高，从而带动当地就业量的增加。

## 不少国家通过鼓励自主创业缓解就业问题

一些国家在经济下行期鼓励劳动者自主创业，大大缓解了失业问题，提振经济、稳定社会。20 世纪 70 年代中期以来，欧盟各国长期遭受高失业困扰。为了解决日益严重的失业问题，欧盟各国在 20 世纪 90 年代末期开始，从片面地强调劳动者就业保护的“就业抑制”战略开始转向鼓励创业精神、激活劳动力市场和维护就业平等的“就业激励”战略，并取得了显著成效。在 1997—2001 年短短的五年期间，欧盟的就业岗位总量增长超过 1000 万人，失业人数减少超过 400 万，劳动力参与人数增长近 500 万。再如，国际金融危机爆发后，美国总统奥巴马推出了经济振兴计划，解决就业问题被当作头等大事，该计划将产生 400 多万个就业岗位，而新增岗位中有 90%将产生于民营企业，只有 10%产生在公共领域。最新统计显示，美国 2013 年初创企业创造了超过 200 万个新就业岗位，占全部新创就业比重超过 20%。

资料来源：笔者根据相关资料整理。

## 三、就业质量提高效应

就业质量是指从业者与生产资料结合并获得报酬或收入情况的优劣程度，主要包括从业者的工作收入、工作环境、个人发展前景和对工作的满意程度，还包括用人单位的满意度、家庭的满意度、社会的满意度等。就业质量提高指的是就业者的主观满意度增强，以及就业环境的改善等。“双创”不仅带动了新的就业岗位，还通过两种渠道提升了就业质量，对于“推动实现更高质量的就业”起着积极作用。

一是理念和技能培训。新创企业通常代表了生产经营管理和技术发展的最新方向，为入职者传播新的思想理念，激发入职者的工作热情，培训其新的工作素质和专业技能。同时，新创企业的做法会不断通过示范效应促进当地企业提高技术水平和就业者素质。在理念和技能两方面增强就业满意度，促进当地人力资源的开发，促进就业结构的改善和提高。

二是环境保护和劳动保护标准的改进。新创企业基于后发优势，在建立之初就可能会引入发达国家和地区的环境保护和劳动保护标准，这些标准一般会高于创业地的传统标准，从而促进当地工作条件的提升和工作环境的改善。

从我国情况看，各项劳动政策法规的制定实施，有力地促进了企业用工的进一步规范，超时用工现象明显缓解，劳动者权益得到有效保护。根据国家统计局的数据，2016 年城镇各类企业就业人员周平均工作时间为 40 小时的比例为 47.9%，比 2012 年上升 3.2 个百分点；超过 40 小时的比例大幅下降，由 2012 年的 52%下降至 48.1%，下降了 3.9 个百分点。

## 四、“双创”带动就业行之有效

近年来，我国经济发展进入新常态，经济增长速度持续下滑，结构调整力度不断加强，就业的总量压力和结构性问题更加突出。在此背景下，我国出台了一系列鼓励创业的政策措施，涉及注册登记、税收贷款、创业培训等方方面面。这些政策对鼓励大众创业起到了明显的效果。2013 年至 2016 年，全国新登记市场主体分别为 1131、1293、1480 和 1651 万户，年均增速 13.4%；其中新登记企业分别为 250、365、444 和 553 万户，年均增速 30.3%。国家工商总局的数据显示，仅从 2014 年 3 月 1 日到 2015 年 5 月底，新登记的企业就有 485.4 万户，平均每天新登记注册企业 1.06 万户。2016 年，随着简政放权力度加大，创业热情被进一步激发，平均每天新登记企业 1.5 万户，成为新增就业岗位的重要动力。2017 年前三季度，我国新登记企业 451 万户，同比增长 12.5%，平均每天新设 1.65 万户，继续保持较快增长势头。企业注册热情的持续高涨，显示出我国“双创”正在进入黄金时期。

“大众创业万众创新”的持续开展，对就业贡献率不断上升，更多劳动者通过成功创业，发挥了创业带动就业的效应。据有关部门测算，2016 年初创企业新增招聘岗位数超过 240 万个，对新增招聘岗位的贡献率达到 18.7%。据劳动力调查数据测算，2016 年城镇就业人员在一年内新创业的人数比 2012 年增长了约 36%；在全部失业人员中，平均每年约有 7%的失业人员在为自己创业做准备。大学生和返乡农民工创业热情高涨，近年来农民工返乡创业累计超过 450 万人，2016 年登记的大学生创业者达到 61.5 万人。

新产业、新业态、新商业模式吸纳就业效应显著。新产业、新业态、新商业模式企业大量涌现并蓬勃发展，对各类人员的就业创业吸引力日益增强。根据国家信息中心数据，2016 年我国参与分享经济活动的人数超过 6 亿，其中分享经济平台的就业人员约为 585 万人，比上年增加 85 万人。从近年来发展迅猛的快递服务业来看，全国规模以上快递服务业企业从 2013 年的 436 家增至 2016 年的 847 家，从业人员增加 16.1%。从分享经济的代表性企业滴滴出行的数据看，2013—2016 年，已有 1100 多万注册司机有过接单行为，其中有 1/4 以上的司机日均接单 4 单以上。

特别值得注意的是，中小微企业及私营经济的市场活跃度不断增强，就业吸纳能力有所提高。国家工商总局“个体私营经济与就业关系研究”课题组发布的《中国个体私营经济与就业关系研究报告》显示，我国中小微企业占全国企业总数的 99.7%（其中小型微型企业占 97.3%)，提供城镇就业岗位超过 80%。2015 年个体工商户平均就业吸纳能力达 2.6 人，私营企业平均就业吸纳能力达 12.6 人，员工流动性总体稳定。国家工商总局发布的百县万家小微企业调查结果显示，截至 2016 年一季度，新设立一年的小微企业开业率是 71.4%，其中，初次创业企业占 84.6%。八成开业企业已有收入，其中，创新和产品能与互联网有“连接”的小微企业的盈利比例较高。在开业企业中，有超过半数的企业已纳税，纳税额在 1 万元以下的最多，占 22.1%，其次是纳税额在 1 万—3 万元的，占 14.2%，还有 5.3%的企业纳税额在 10 万元以上。小微企业发展势头良好，对稳定和扩大就业具有重要贡献。中小微企业的从业人员由开业时平均每户 7.7 人增加到 8.5 人，其中高校应届毕业生、失业人员再就业者分别占 12.5%和 12.4%。大学毕业生的创业率也明显提高，2016 年登记的大学生创业者达到 61.5 万人。

此外，众创空间业通过孵化链条带动就业。科技部火炬中心的数据显示，当前全国 4298 家众创空间与 3200 余家科技企业孵化器和 400 余家企业加速器共同形成了接递有序的创新创业孵化链条。2016 年一年服务的创业团队和初创企业近 40 万家，带动就业超过 200 万人，实现了创新、创业、就业的良性循环。

### 四川阿坝州以“双创”推进就业工作成效显著

2016 年 10 月 19 日，在全国“双创”周活动期间，九寨沟天堂口创业展获得李克强总理的亲临参观和称赞，这正是阿坝州大力实施创新创业促就业工作的结果。阿坝州深入实施“大众创业万众创新”战略，铺筑就业“金桥”，破解就业难题。天堂口一处曾经名不见经传的大学生创业街区，如今已声名远扬走出九寨、走出阿坝、走出四川，然而九寨沟县天堂口只是阿坝州优质“双创”项目中的一个“标杆”，在阿坝州，“双创”的火花不止在一地一县迸发，而是全力全域绽放，成为阿坝州经济发展的“新引擎”。截至2017年年初，阿坝州共开展创业培训1017人、115个微小型创业项目在网上发布、发放创业担保贷款415万元；建立高校毕业生见习基地65个；直接扶持自主创业67人，促进高校毕业生实现创业191人，引领大学生创新创业666人，带动131人就业；返乡创业农民工4226人，创办企业2229个，吸纳就业8903人，实现产值3.14亿元；建成高校毕业生创业园区（孵化基地）4个。

资料来源：《“双创”破解就业难题　阿坝州“创业大军”踏上致富路》，见http://www.tibet.cn/news/focus/1487214000443.shtml。

## 贵州省“双创”示范基地带动就业成效显著

近年来，作为全国首个大数据综合试验区，贵州全力打造以大数据为引领的“双创”示范基地。加速推进“双创”平台高起点集聚发展，开工建设华为七星湖数据存储中心、腾讯贵安七星绿色数据中心等一批重大项目，并建立院士工作站59个、高技能人才培训基地57个、博士后科研流动（工作）站43个。重点推动大数据、互联网技术与三次产业融合发展，不断衍生新业态、新产品，形成并固化新经济发展“技术创新—平台孵化—企业成长”模式。同时，注重搭建聚才用才平台、加速人才聚集。在这些努力下，创新创业渠道不断拓宽、机制不断完善、环境不断优化。目前，贵州省拥有国家级创业孵化示范基地2个、国家级孵化器4个、国家级众创空间20个、国家级特色产业基地12个，带动大学生创业2万人以上，带动社会就业30万人以上。

资料来源：《贵州深耕大数据“双创”沃土》，见 http://news.xinhuanet.com/2017-09/17/c_ 1121676491.htm。

### 中科院9家国家“双创”基地带动就业逾万人

2017年全国“双创”活动周上，中科院发布该院第二批国家“双创”示范基地建设方案。中科院推荐的计算所、大连化物所、长春光机所、上海微系统所、苏州纳米所、宁波材料所、合肥研究院、深圳先进院、西安光机所9个示范基地建设单位已建设各类“双创”支撑平台近100个，累计孵化企业700余家，其中已挂牌上市公司7家，带动社会就业逾10000人。中科院相关负责人介绍，预计到2020年，这9个示范基地将实现管理基金总规模超过200亿元，通过举办各种形式“双创”大赛和创客培训，新增孵化2000家高科技企业，培育独角兽企业超10家，带动社会就业超50000人。

资料来源：《中科院9家国家“双创”基地孵化700余企业带动就业逾万人》，见 http://www.hinews.cn/news/system/2017/09/08/031257514.shtml。

## 第三节 “双创”是促进机会公平和社会纵向流动的现实渠道

“双创”不仅对就业和经济发展具有支撑作用，而且还具有更为深刻的内在价值和长远意义，即促进机会公平和社会纵向流动。机会公平是最大的公平。传统意义上实现社会纵向流动靠的是教育和就业，而当前的“双创”日渐成为第三种通道。“双创”抓住了“人”这个生产力当中最重要的因素，让人的聪明才智、活力充分展现出来，为所有人提供了改变命运、获得纵向上升的平等机会。因此，推进“双创”是收入分配改革和促进社会公正的切入点，有助于调整收入分配结构，促进社会公平，也会让更多年轻人，尤其是贫困家庭的孩子有更多的上升通道，更有利于先富带动后富、缓解收入及财富差距、最终实现共同富裕。

## 一、破除障碍、降低门槛、构建公平环境

政府所垄断的创业创新资源仍然偏多，对创业创新意识的个人与企业形成一定制约与抑制，个人特别是底层人群的创业创新门槛越来越高，奋斗的动力与机会被压制。我国企业的总体税负仍重，融资成本高，一些本该由市场起决定性作用的领域却被行政力量所占据，大大削弱了社会企业的活力与财富创造的空间。

“双创”的核心在众，本质上是一种改革，就是要通过改革破除阻碍创新创业的体制机制藩篱，降低创新创业的门槛、优化创新创业的环境，不断完善公平有序的市场环境，进而最大范围激励人民群众以不同形式积极投身创新创业的实践，激发蕴藏在人民群众之中的无穷智慧和创造力。如深化简政放权改革，卸掉压在个人与企业身上的不必要的审批与行政包袱，降低创新创业的税负与成本；强化对于中小微企业的扶持力度，以财政、金融等政策优惠来“扶上马送一程”；营造良好而公平的创新创业环境，加大知识产权的保护力度等。

推进“双创”就是要让所有有志于创新创业者，在政府通过改

革创新营造出的机会均等、公平竞争的市场环境中各展其能，“海阔凭鱼跃，天高任鸟飞”，“靠创业自立、凭创新出彩”。推动“双创”给了更多人实现梦想的机会，实现收入阶层的跃迁。无论是大企业员工，还是草根创业者，通过创新创业都可以成为更多财富的创造者和拥有者。

## 二、以创富激发向上奋斗的热情

国家的繁荣在于人民创造力的发挥，经济的活力也来自就业、创业和消费的多样性。推动“双创”，就是要让更多人富起来，让更多人实现人生价值。相关经验研究结果，创业者的长期报酬高于传统就业人员。根据麦可思的调查显示，从长期来看，毕业 3 年内一直在创业的毕业生，平均月收入比较高，其中本科生达到 9500 元，高职高专生为 7782 元，他们的平均收入略高于就业工资整体水平。这是因为在传统形态下，劳动者只能在有限的空间范围内寻找择业机会，但是由于劳动力空间限制和劳动力市场的分割，劳动者只能在较高的“信息成本”下搜寻有限的劳动机会。其中，一些传统的低技能劳动者受制于年龄、户籍、身体残疾、性别等因素，只能获得低于其能力的工作。

而在创新创业活动中，尽管存在较大的不确定性，但是，一旦成功则会带来较高的物质财富。这样的创富机会将更大程度激发广大人民群众向上奋斗的热情，特别是有想法、有能力的年轻人，能够更快地实现阶层跃迁。当人人都获得出彩的机会，拥有创业创富的平台与资源，一方面为经济发展提供了最强劲的活力支撑，激活了创新的社会细胞，把人民奔小康的强烈愿望转变成创新创业致富的巨大动力，让一切劳动、知识、技术、管理和资本的活力竞相迸发。另一方面，也涵养了社会的公平活水，筑牢了社会的公平底线。

## 三、强调追求自我价值、弘扬社会正能量

创新创业活动具有较高的启动与退出率、较高的研发投入和人力资本投资、较高的经济增长等特征。对于创业者来说，虽然不排除部分能力和运气出众的创业者在非常短的时间就能获得高额收入，即便带着优秀项目的创业者，也要面临一段“阵痛期”，即从项目的搭建、运营、盈利到赚取净收入的过程。但是，为什么仍有那么多人愿意投入到创业者队伍当中呢？原因在于真正驱动创业的并不是传统资本，而是基于企业家精神的创意、引领行业发展方向的愿景，是对个人能力的充分展现，创业者在其中获得了很高的非物质报酬。全球化智库（CCG）发布了《2017中国高校学生创新创业调查报告》(以下简称报告)，报告展示了90后新生力量创新创业的特点，其中，对于个人的成长和自我价值的实现是高校学生参与创新创业的主要动因。这种对自我价值追求的精神有利于营造出好的氛围，弘扬社会正气。

## 四、能够有效提升弱势群体福祉

创新创业对社会弱势群体尤其是失业、非正规就业群体，具有积极的福利效应。“双创”通过投资人力资本、社会资本促进就业，提升弱势群体相关能力，增加个人参与经济活动的能力与机会，不仅可以消除或减少弱势群体陷入困境的可能性，帮助他们改变贫困状态，实现自强自立，更可以避免社会福利过于依赖经济发展，提高全体社会成员的“可行能力”，改善弱势群体乃至全体社会成员的福祉。因而，鼓励救济对象投资创建小型企业，成为发展性福利支

持者的重点。尽管这类创业对自谋职业者的技术等方面的能力要求较高，而且失败的风险也很大，但是只要自谋职业者加强合作，并能够获得合适的信贷，其成功的可能性还是存在的。

我国的实践表明，“双创”为弱势群体提供了重要保障。在我国创业人员中，除了具有企业家精神的创业者，还包括大量街头服务者、散工、店主、批发商、流动摊贩及私营业主。可以说，以低技能就业者为代表的被动型创业者，构成了我国创业人群的主体。2010年，淘宝网每日新开店铺近1.5万个，2007年到2013年淘宝网平台上的创业人员增长了329万人。其中，在校学生、大学毕业生、下岗人员、待业及无业人员等约占全部店主数量的1/4。我国有8500多万残疾人，残疾人家庭人均可支配收入还不到全国居民家庭人均可支配收入的60%。对于残疾人来说，创业比就业的难度更小，网络创业尤为如此。每年大概有170多万大学生难以在传统劳动力市场上找到合适的工作，形成了庞大的高技能人力资本储备。通过创业，许多大学生把自己所学专业或者好的创业项目转化为创业公司。同时，部分教育收益率较低的专业和院校的大学生在准确接收市场信号的基础上，选择通过创业取得更高的收益率。创业使他们获得基本稳定的就业机会和收入来源，生活有了保障，并且通过工作，赢得了社会认可和尊重；创业使他们更好更多地分享到了经济社会发展的成果，增强了社会凝聚力。

## 山东省“双创”带动扶贫取得明显成效

实施就业精准扶贫，在全国首创“就业扶贫车间”模式，全省建成“就业扶贫车间”5771个，吸纳以妇女为主体的9.7万贫困人口就业，每人每天收入50元至70元不等；加强就业扶贫基地建设，

99家企业入选全国就业扶贫基地名单，数量居全国第一。探索“公益互助扶贫岗位”“创业扶贫工坊”两种扶贫新模式，帮助2.4万贫困人口就业创业。针对贫困劳动力不同培训需求，推行免费职业技能培训，提升贫困人口和家庭稳定脱贫能力。面向外出转移就业的贫困人口，将其列入各级“加强就业培训提高就业与创业能力五年规划”重点人群，全省累计组织贫困人口免费技能培训6.94万人；面向就地就近就业的贫困人口，推行“快餐式”培训模式，把培训课堂搬到“田间地头”“村屋院落”，确保有培训需求的贫困人员每年至少轮训一次。

资料来源：《“双创”促升级 壮大新动能——山东就业创业工作巡礼》，见 http://news.iqilu.com/other/20170918/3686779.shtml。

## 五、有利于推动发展成果共享、推动实现共同富裕

我们建设社会主义的一个重要原则是：允许一部分人先富起来，先富带动后富，最终实现共同富裕。在当前经济社会发展条件下推进“双创”非常有利于先富带动后富，推动发展成果共享，最终实现共同富裕。

一是不少新产业、新业态、新模式具有共富特质。当前经济社会发展条件下，新一轮“双创”浪潮催生出不少新产业、新业态、新模式，特别是互联网技术加快渗透应用，一些产业、业态和模式非常有利于促进发展成果共享、走向共同富裕。一些大的互联网企业，将自身多年积累的平台资源公开，让更多人依托平台开展创新创业活动，既体现出先富带动后富的社会主义特征，也实现了商业利益上的共赢。移动互联网和移动支付等技术的快速应用和更新促

进了分享经济的发展，共享汽车、共享自行车、共享住宿、共享社区服务等新经济形态不断涌现，借助相关中介平台，每个个体都可以将自己的闲置资源分享出去并获得一定收益，这更体现出新一轮“双创”具有共享发展的特质。此外，“众创、众包、众服、众筹”等新的商业形态本身就是一种风险共担、利益分享机制。

## 何谓“四众”

众创，汇众智搞创新，通过创新创业服务平台聚集全社会各类创新资源，大幅降低创新创业成本，使每一个具有科学思维和创新能力的人都可参与创新，形成大众创造、释放众智的新局面。

众包，汇众力增就业，借助互联网等手段，将传统由特定企业和机构完成的任务向自愿参与的所有企业和个人进行分工，最大限度利用大众力量，以更高的效率、更低的成本满足生产及生活服务需求，促进生产方式变革，开拓集智创新、便捷创业、灵活就业的新途径。

众扶，汇众能助创业，通过政府和公益机构支持、企业帮扶援助、个人互助互扶等多种方式，共助小微企业和创业者成长，构建创新创业发展的良好生态。

众筹，汇众资促发展，通过互联网平台向社会募集资金，更灵活高效满足产品开发、企业成长和个人创业的融资需求，有效增加传统金融体系服务小微企业和创业者的新功能，拓展创新创业投融资新渠道。

二是新一轮“双创”注重鼓励先富带动后富。政府作为公共产品和服务的供给者，在推动“双创”过程中，通过搭建平台、构建机制、实施优惠政策等方式，鼓励有技术、有能力、有资本的“双创”主力军领头示范，带动大家共创事业。各类大企业和小企业通过建立“双创”平台，通过共享资金和技术，放大内部员工及小企业的能量，实现共享发展、共同成长。不少回国创业的“海归”都带着强烈的民族使命感和自我实现的价值追求，愿意通过自身奋斗补上国家发展中的短板，带动大家一起创富。不少返乡农民工创业群体都是佼佼者，他们回到家乡一马当先，利用自己的头脑和技术，带领父老乡亲共同致富，所谓“外出创业带头富，回归创业带领富”。可以说，新一轮“双创”不仅要发展成为我国经济发展的新引擎，更是要成为先富带动后富的生动典范。

# 第 四 章

# “双创”是实施创新驱动发展战略的重要抓手

如何将实施创新驱动发展战略（见图4-1），建设创新型国家落到实处？一方面，要坚持需求导向，强化企业的创新主体地位，构建市场导向的创新资源配置机制，建立高效的产学研合作创新体系。"双创"的显著特点是对市场需求反应快，能迅速将大众需求转化为新的产品和服务，因此，将极大地促进科技成果转化，推动技术转移转化，促使创业企业不断涌现和发展壮大，不断为企业这部创新发动机注入新生力量和活力，汇聚形成经济发展新动力。另一方面，要加强人才培养和基础研究，在重大创新领域组建一批国家实验室，强化原始创新，夯实创新发展的教育、科技和人才基础。加快实施已有国家重大科技专项，同时在信息安全、智能制造和机器人、海空天地、健康保障等事关国家安全、国计民生的战略性领域再部署一批体现国家战略意图的重大科技项目，集中力量突破一批制约经济社会发展的关键核心技术，实现重点跨越。这两个方面是相辅相成、不可或缺的（见图4-2）。这就好比打仗一样，既要有创新型企业作为"主攻部队"，也要有高等院校、科研机构和政府提供"粮草"和"炮弹"，只有这样才能构建起系统化、多层次的国家创新体系，奏响创新发展的大乐章。

## 什么是创新驱动发展战略

**理论内涵。**创新作为一个经济学概念，最早由美国经济学家熊彼特提出。他认为创新是对生产要素的重新组合，包括产品创新、工艺创新、开辟新的市场、企业重组等方面。此后，创新的概念和理论得到不断发展。美国管理学家德鲁克认为，创新是赋予资源以新的创造财富能力的行为，创新主要有两种：技术创新和社会创新。著名经济学家诺思认为，世界经济发展是一个制度创新与技术创新不断互相促进的过程。经济合作与发展组织（OECD）将创新定义为“一种新的或显著改进的产品（货物和服务）、工艺过程、商业模式、组织方式等的实现”。《美国创新战略》将创新定义为“一个人或机构提出一个新的创意并将其付诸实践的过程”。可见，创新的内涵十分丰富，不仅指新技术的商业化应用，也包括管理创新、商业模式创新、制度创新等方面，本质上是一个经济行为。创新驱动经济增长是指经济增长主要通过技术进步、劳动者素质提高、管理创新等因素推动，而不是主要靠资本、劳动等生产要素投入推动。

**在我国的实践**。党的十八大报告首先提出了创新驱动发展战略，把创新驱动提升为国家战略。党的十八届五中全会讨论通过了《关于国民经济和社会发展第十三个五年规划的建议》，提出“创新、协调、绿色、开放、共享”五大发展理念，把创新列为引领发展的第一动力，进一步强调了创新在国家发展全局的核心和基点地位。同时，把创新驱动的内涵丰富为理论创新、制度创新、科技创新、文化创新等各方面创新，让创新贯穿党和国家一切工作，让创新在全社会蔚然成风。党中央、国务院又连续发布了两份纲领性文件:《关于深化体制机制改革加快实施创新驱动发展战略的若干意见》(以下简称《若干意见》）和《国家创新驱动发展战略纲要》(以下简称《纲要》），被称为我国创新驱动顶层设计的“姊妹篇”，共同构成了实施创新驱动发展战略的顶层设计。《若干意见》聚焦破除制约创新驱动发展的制度障碍提出了8个方面，30项具体举措，涉及上百个政策点。《纲要》面向未来的科技创新部署，提出建设一个国家创新体系，推动科技创新和体制机制创新双轮驱动，实现到2020年进入创新型国家行列、2030年跻身创新型国家前列、2050年建成世界科技创新强国的宏伟目标。

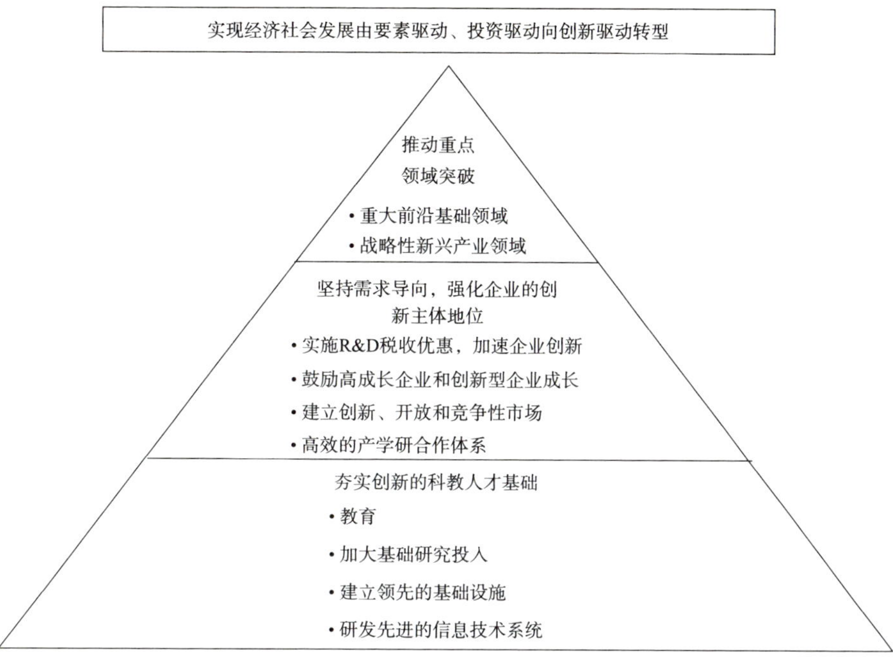


图 4-1 创新驱动发展战略主要任务示意图

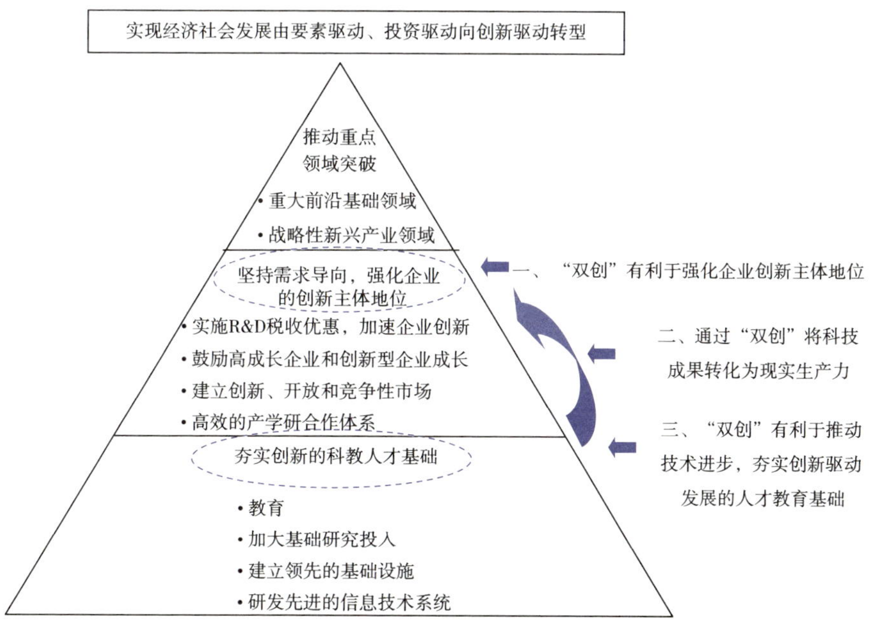


图 4-2 “双创”与创新驱动发展战略的关系分析示意图

## 第一节 “双创”的主体是企业

企业是创新的主体，是推动我国经济发展由要素驱动转向创新驱动的引擎。实施创新驱动发展战略，关键要“坚持需求导向和产业化方向，坚持企业在创新中的主体地位，发挥市场在资源配置中的决定性作用”①。“大众创业万众创新”的过程，是企业从无到有、技术从发明到产业化的过程，是中小微企业“铺天盖地”、大型龙头骨干企业“顶天立地”的过程。“双创”各项工作的开展，将进一步强化企业作为创新主力军的地位和作用，有力支撑创新驱动发展战略落到实处。

### 一、“双创”普遍提升企业创新活力和水平

当前，我国企业作为创新主体的地位仍不牢固，主要体现在：一是研发活动的规模以上工业企业占比、企业研发经费支出占主营业务收入平均比例等指标长期低于主要发达国家水平。二是企业研发支出中用于基础研究、应用研究的比例长期不足。三是国内大多数企业以“追赶型”创新、商业模式创新等为主，具有全球影响力和行业领先性的原创性、首创性重大创新产品和服务还不多。而“创新+创业”的模式，意味着创业企业应以促进创新成果产业化为重要目标，而不是单纯以解决就业岗位为目标的“生存型创业”。同时，创新也应是以应用导向的且最终能够转化为实实在在的生产能力的活动，而不仅仅是“高大上”的一个专利项目、一篇论文。这

① 习近平在中央财经领导小组第七次会议上的讲话，2014 年 8 月 18 日。

将极大促进创业企业在研发、创新活动上倾注时间和精力，引导企业切实通过创新提升核心竞争力，显著改善企业创新动力不足、活力不够的问题。

## 二、“双创”激发大量市场主体蓬勃涌现

近三年来，在政府的大力推动下，中国各类市场主体雨后春笋般大量涌现，激发了市场经济的内在活力，成为促进经济社会发展的重要力量。据统计，2016 年全国新登记市场主体超过 1650 万户，同比增长 11. 6%，其中新登记企业达到 552. 8 万户，占 33. 5%，作为现代企业制度重要组织形式的公司制企业比重不断提高。从所有制结构看，私营企业登记数量和资本增长强劲，2016 年新登记注册私营企业 522. 8 万户，占新设企业总数的 94. 6%。从主营业务领域看，代表新科技革命趋势与我国产业结构优化方向、知识技术密集的战略性新兴产业和现代服务业新创办企业呈现迅猛发展的态势，信息传输、软件和信息技术服务业、文化、体育和娱乐业、金融业、教育、卫生和社会工作等行业的新登记注册企业爆发式增长，有力推动新技术、新产品、新业态、新产业蓬勃发展，增加新供给，释放新需求，促进产业转型升级。

## 三、“双创”助推大型骨干龙头企业成为行业翘楚

最近一段时期，大中型企业通过搭建孵化平台、激发员工内部创业等模式显著提升企业竞争力的案例比比皆是。海尔集团为推动公司业务转型与拓展，综合考虑公司总体战略、组织机制、运营模式等，全面搭建开放式的“双创”平台，使得员工创客化，即每个员工都成为创业者，公司平台化，即最大限度汇聚国内外创新资源

在公司平台上进行孵化。中信重工通过构建技术创客群、工人创客群、国际创客群、社会创客群“四群共舞”创客体系，推进重装众创线上资源共享平台、重装众创线下实验与验证平台和重装众创成果孵化平台建设，塑造传统装备企业通过“双创”实现产品升级换代、业务多元拓展的新发展路径。可见“双创”不仅是中小微企业的兴业之道，更是大企业的兴盛之道。大企业由于产业基础好、技术积累强、员工人数众多、市场渠道稳定，往往更具备利用“双创”充分发挥互联网时代线上线下结合、创新资源集聚的优势，可以对企业的组织架构、研发机制、生产模式、营销手段、供销链条都带来革命性变革，从而提高研发效率、提升产品服务品质。

## “双创”普遍提升企业创新活力和水平

海尔集团通过将消费者需求和全球顶尖技术精准对接，不断更新企业管理的认知与思路，从“日事日毕，日清日高”的 OEC 管理模式，到面向市场的“市场链”管理，再到快速推进的“人单合一”模式，创造了新管理模式，开发了“众创汇”、Hope 平台等，让每个员工都变身创客，并与全球十大研发中心协同，极大地提升了公司创新创业能力，在实现用户价值的同时创造自身增值，确保个人、企业发展与用户利益始终在同一轨道上。2016 年海尔大型家用电器品牌份额占全球的 10.3%，已连续 8 年成为世界排名第一的家电制造商。

万向集团是世界知名的汽车零部件生产商，但在创新驱动发展理念的指引下，公司于 1999 年开始布局清洁能源领域，累计投入近百亿元，积极布局电池、电动汽车、天然气发电、风力发电、人工智能和车联网等新兴领域，并与国际先进技术和企业合作，用全球资源参与全球竞争，打造有全球影响力的品牌。目前，万向清洁能源正在形成自己的协同优势，并将陆续投入超过2000亿元，建设包括新能源汽车零部件、新能源汽车电池、纯电动客车、新能源乘用车四大产业板块的“万向创新聚能城”，着力打造开放、分享的创新创业平台。

阿里巴巴集团作为新实体经济的代表，通过构建基于互联网的电子商务平台，为企业提供线上线下全渠道服务，革命性地提高社会效率，推动传统厂商主导的B2C模式向消费者驱动的C2B模式转变，从而实现传统产业向新零售和新制造业升级。2016年，阿里巴巴平台销售总额突破3万亿元，成为全球超大移动经济实体，集团合计纳税238亿元，带动平台纳税至少2000亿元，相当于4000家大型商场的销售体量，创造了超过3000万个就业机会。这些成绩的取得与其大力发展新实体经济，驱动传统产业向新零售和新制造转型，提高流通效率等创新型举措息息相关。阿里巴巴还在云计算等新技术领域积极布局。阿里云计算业务已经连续6个季度保持了三位数增速，不仅占据中国公共云市场的绝对领导地位，更与美国亚马逊AWS、微软Azure并驾齐驱，鼎立全球云计算三强。2016年，阿里云占据中国公共云市场50%份额，是AWS、Azure、腾讯云、百度云和华为云的总和。

## 第二节 通过“双创”将科技成果转化为现实生产力

创新驱动发展战略的核心是将创新作为引领发展的第一动力。这意味着仅有大量的知识产出、大批的科技成果，并不能代表创新能够实际推动经济增长和社会发展。创新驱动的经济发展，必然是依靠技术进步、劳动者素质提高、商业模式创新、制度创新等，推动产业转型升级、经济规模壮大、就业数量质量双提升、城乡居民生活水平大幅提高。意味着科技成果切实转化为生产力，成为推动经济发展、提升人民福祉的重要力量。为此，要着力促进应用导向型的科技成果研发和产业化。具体手段包括：构建有利于成果转移转化的科研院校绩效考评制度，加大对科技成果转移转化的奖励力度，加快科研院校分类改革进程，建立科研院校技术转移转化机制等。此外，还要加快落实新修订的科技成果转化法中相关规章规定，包括进一步下放科技成果使用、处置和收益权，提高科研人员成果转移转化的经济收益，加大对科研人员股权激励力度等。

“双创”的重要技术源头就是科研院校的大量科技成果和智力资源。如何将现有产生于科研院校的海量知识产权、技术成果转化为切实有利于提高国民生产生活水平的生产力，是“双创”重点工作之一。从现有途径和方式方法看，“双创”主要通过三种模式推动科技成果转移转化。

## 一、模式一：科研人员带着科技成果“下海”创业

这是最直接的方式，有利于规避非原创人员从事技术转化带来的技术风险，也可以最大限度避免在岗科研人员不便于从事产业化工作、市场开拓活动等体制机制风险。当前活跃在国内各行业领域的企业家们，包括柳传志、任正非、马云等，很多都是科研院所、国企、大学等“体制内”的科研工作者出身。正是这些掌握核心技术又富有冒险开拓精神的科研工作者们，通过艰苦卓越的创业实践，走完了科技成果从发明、投产试验到产业化的创新之路。在榜样的

激励下，越来越多的科技工作者们跻身创业大潮。根据中国科协2015年1月和7月针对全国科技工作者创新创业情况的调查结果，近年来科技工作者创业意愿显著提升，2013年5月创业意愿为26.1%，2015年7月为49.1%，尝试过创业的人数比例实现翻番增长。

## 华为创业30年的奥义

1987年，年满43岁的任正非和5个同伴集资2.1万元成立华为公司，利用两台万用表加一台示波器，在深圳的一个“烂棚棚”里起家创业。30年后，华为公司由默默无闻的小作坊成长为通信领域的全球领导者，从名不见经传的民营科技企业，发展成为世界500强和全球最大的通信设备制造商。2016年，华为销售收入超过5200亿元，华为的产品和解决方案已经应用于全球170多个国家，服务全球运营商50强中的45家及全球1/3的人口，创造了中国乃至世界企业发展史上的奇迹。这些成绩的取得，与华为重视创新、持续高水准的研发投入密切相关，华为研发投入占销售收入比重超过10%，近10年累计投入研发经费超过3000亿元。目前，华为的17万名员工中有8万多人从事技术研发，占比将近一半。据欧盟委员会2016年12月底发布的“2016全球企业研发投入排行榜”，华为以83.58亿欧元（约合608亿元人民币）研发投入位居中国第一、世界第八。

大量研究认为，华为取得今天的辉煌成就，主要原因有二：一方面得益于任正非一如既往地坚持，即30年专注于一件事——坚定不移集中所有火力对准通信领域这个“城墙口”冲锋。任正非说：“我们成长起来后，坚持只做一件事，在一个方面做大。华为只有几十人的时候就对着一个‘城墙口’进攻，几百人、几万人的时候也是对着这个‘城墙口’进攻，现在十几万人还是对着这个‘城墙口’冲锋。密集炮火，饱和攻击。每年1000多亿元的‘弹药量’炮轰这个‘城墙口’，研发近600亿元，市场服务500亿元到600亿元，最终在大数据传送上我们领先了世界。引领世界后，我们倡导建立世界大秩序，建立一个开放、共赢的架构，有利于世界成千上万家企业一同建设信息社会。”

另一方面是搭建科学合理规范的企业管理制度框架。任正非说：“想想公司刚成立时，就几个有文化的‘农民’，虽然也穿着西装，但是农民意识，不了解外面的世界。1992年，我第一次去美国，就感到一种氛围的冲击。第二次去美国，我们想到改革公司。我很幼稚，曾买到一本书，以为我们跟着这本书就能变革成功。IBM说‘可不是这么简单’，派来了庞大的改革顾问小组进入我们公司，手把手教，历时二十八年才走到今天。这么有经验的顾问指引，尚且如此困难，所以当初想靠一本书就能变革成功，的确很幼稚。”要保证企业管理获得充分好的效率和效益，必须在企业内部全面实施规范化管理。任正非说：“我们走出国门、走向全世界的时候，什么都不会，不知道什么叫交付，全是请世界各国的工程顾问公司帮助我们。丰田的董事退休后带着一个高级团队在我们公司工作了10年，德国的工程研究院团队在我们公司也待了十几年，才使我们的生产过程走向了科学化、正常化。从生产几万块钱的产品开始，到现在几百亿美元、上千亿美元的生产，华为才越搞越好。”华为坚定不移持续变革，全面学习西方公司管理，每年要花好几亿美元的顾问费。任正非说：“我们花了28年时间向西方学习，至今还没有打通全流程，虽然我们和其他一些公司比管理已经很好了，但和爱立信这样的国际公司相比，多了2万管理人员，每年多花40亿美元管理费用。所以我们还在不断优化组织和流程，提升内部效率。认真学习，使公司逐步走向管理规范化。”

## 二、模式二：通过科技孵化器将科研院校的知识产权和研发成果推向市场

这是国际上促进科技成果转化比较通行的模式，有利于产学研各司其职，通过专业分工提高研发成果转移转化的成功率和效率。最近一段时期，伴随“双创”工作加快推进，各类科技企业孵化器在推动科技成果转化方面的成效日益凸显。截至2016年底，全国科技企业孵化器数量超过3255家，累计孵化科技型中小企业22.3万家，当年解决就业212.3万人，其中应届毕业大学生21.1万人。13.3万家正在孵化的科技型中小企业拥有有效知识产权22.3万项，拥有有效发明专利5.2万项，占全国有效发明专利的5%。累计帮助3.3万家孵化企业获得1480.3亿元的风险投资。累计培育毕业企业8.9万家，毕业后上市和挂牌企业达到1871家，占创业板上市企业的1/6，占新三板挂牌企业的1/10，这些上市和挂牌企业的总市值达到2.7万亿元。2016年，全国孵化器自身拥有孵化资金已达688亿元，当年得到各级各部门科技计划经费支持61亿元，各类技术平台投入70亿元，聚集大专以上科技人员超过163万人，创业服务人员5万人，孵化场地超过1亿平方米。孵化器服务收入达116.8亿元，占到总收入比重的37.9%，首次超过房租物业收入（31.6%），投资收入比重也达到9.3%。全国孵化器共聘请创业导师3.2万人，导师对接和服务在孵企业8.1万家，占到在孵企业总数的61%。

## 三、允许科研人员以兼职创业的方式来推动科研成果产业化

这种形式介于上述两类模式之间，既为科研人员最终决定是否“下海”创业提供了宝贵的过渡期，又便于科研人员在推动成果转化的时期也能更好调动原单位的创新资源。从实践看，大批兼职创业的科研人员或加盟或自己注册成立创业公司或就职于形式多样的新型研发机构，如中科院深圳先进技术研究院、深圳清华大学研究院等。总体来看，这种模式在推动科技成果转移转化方面成绩斐然。以深圳先进技术研究院为例，建院 10 年时间里，累计与华为、中兴、创维、腾讯、美的、海尔等企业签订工业委托开发及成果转化合同逾 500 个，合作开展产学研项目申报超过 700 个，与地方企业累计共建实验室 20 余个，派出企业特派员 110 余名；牵头组建深圳机器人、北斗、海洋产业联盟等，集聚 200 余家企事业单位。

### 新型研究院所以体制机制创新促进科技成果转移转化

以成立于 1996 年的深圳清华大学研究院为例，这是全国第一家市校合作的新型科研机构。秉承先行先试的理念和做法，于 1998 年第一个提出新型科研机构“四不像”运行管理模式；1999 年，第一个成立新型科研机构的创业投资公司；2002 年，发起成立深圳清华国际技术转移中心，与研究院国际合作部一体化运作，陆续设立北美中心（美国硅谷、洛杉矶）、欧洲中心（英国牛津）、俄罗斯中心，拟设德国科隆创新中心、以色列创新中心等；2009 年，第一个创建新型科研机构的科技金融平台；2010 年，第一个成立新型科研机构的海外创新创业中心；这些为探索新型科研机构体制机制革新

积累了大量宝贵经验。以其施行的“四不像”管理模式为例，与事业单位、企业、科研院所、大学的运行模式都是“既是又不像”：既是事业单位，提供公共服务，但又没有财政固定拨款，没有人员编制；既实施理事会领导下的院长负责制，独立核算、自收自支，实行企业化运作，但是又不同于一般企业，不直接生产产品，不以营利为主要目标，定位于科技创新和成果转化，强调社会效益、经济效益并重；既是研究所又不同于一般的科研院所，没有纵向科研任务，而是以研发平台、投资孵化、科技金融等功能服务于科技企业；既源于清华大学，但是没有学历教育任务，而是服务于地方经济社会发展；文化既传承于清华的校风和传统，又融入了特区企业文化特色。

## 第三节 “双创”有利于拉动技术进步，夯实创新驱动发展的人才教育基础

“大众创业万众创新”首要在“创”，核心在“众”，集全体民众的力量共同创造、创新、创业，就是要尊重每个人的智慧和尊严，使得每个个体都有机会充分发挥特长和潜力，最大限度释放全社会的创造热情、创造活力。“双创”是推动发展的强大动力，既有利于推动技术进步，又有利于汇聚各种类型的创新创业人才并引导教育由应试型向实用型转变，这些都将有力支撑创新驱动发展战略落到实处。

### 一、“双创”有利于推动应用导向的技术进步

伴随“双创”持续深入推进，大量新技术加快渗透应用，大批

新业态持续涌现，一批新产业蓬勃发展，不断创造新供给、释放新需求，庞大的新兴市场又反过来拉动更多技术进步，供需相互促进、相得益彰，汇聚成为新的动力和能量，支撑经济社会可持续发展。互联网技术及其拓展应用已经成为当前“双创”最有效的支撑平台，大量基于互联网技术进步的新商业模式、新兴产业此消彼长、蓬勃涌现。继几年前汇聚了大量初创企业的上门洗车、美甲、外卖等O2O领域凭借新颖的商业模式一度盛行之后，2016年起分享经济更多向知识、技能共享的领域拓展，共享单车、自媒体推动网络直播等成为新热点。此外，基于人工智能的创新创业孕育待发，巨头互联网企业大力布局人工智能，涌现出科大讯飞、旷视科技、地平线机器人等垂直领域的领军企业，一大批智能硬件创业企业兴起壮大，产业链日趋完善，带动相关领域的技术研发加快步伐，云计算、物联网、大数据、移动互联网等新一代信息技术领域正在孕育系列新的技术突破。

## 二、“双创”有利于汇聚具有创新创业基因的各类人才

人的创造力是发展的最大本钱。中国有9亿多劳动力，1.7亿多受过高等教育或拥有各类专业技能的高素质人力资源，每年有700多万高校毕业生，此外，每年还有大量的海外留学人员、归国创业华侨，大量返乡企业家、农民工等。只有营造高效、公平、容忍失败的竞争环境和创新创业生态，形成激励创新鼓励创新的利益分配机制，才能最大限度调动各类人才的积极性和热情。“双创”加快营造汇聚各类创新创业人才的体制机制和政策、文化环境：一是通过实施严格的知识产权保护制度，全面保障创新创业者的合法权益；二是打破行业垄断和市场分割，力置创新创业者于公平竞争的市场

环境中；三是有关政府部门、大型企业等持续优化服务，针对不同创业者提供全方位、专业化的创业服务，解决其创新创业中的实际困难，提升创新创业成功率；四是多渠道、多方式搭平台、造声势，树立创新创业先锋，弘扬企业家精神。

## 深圳经验：以优越的创新创业环境汇聚各类人才

从人才结构看，深圳主要吸引了国内一大批具有市场意识、富有冒险和创新精神的人才。这些从全国四面八方涌入的人才，身怀不同的技能和梦想，寻求一种全新的活法，“从头到脚都流淌着创新的血液”，从而形成了创新创业的移民文化，这也是硅谷和以色列创新成功的一个重要原因。而且这种文化与北京、上海有很大不同。北京也是一个移民城市，但由于受到“皇城文化”的制约，其移民主要是从政或进行学术研究，到北京来进行冒险创新的移民占比较低。从创新的群落结构看，深圳历史上没有大院大所，也没有大型国有企业，外资企业和民营企业占绝对比重。后来随着大量外资企业的转移，创业企业在经济结构中占很大比重，从而自然形成了以市场需求为导向的技术创新机制。有关数据显示，截至 2016 年，深圳市各类专业技术人员逾 140 万人，其中具有中级及以上技术职称的专业技术人员约 50 人。累计引进在深全职工作两院院士 12 人，推选享受国务院政府特殊津贴专家 496 人，市政府特殊津贴专家 407 人；累计认定高层次专业人才 4607 人、海外高层次人才 776 人。“十二五”时期（2010—2015 年），累计引进“珠江人才计划”31 个，“孔雀计划”创新团队 76 个，海外高层次人才 1364 人，留学人员超过 7 万人。

## 三、"双创"有利于夯实创新驱动发展的教育基础

当前，我国创新驱动发展的教育基础仍有明显短板。一是长期以来以应试教育为主的教育制度不利于创新创业。我国高等教育课程设计上专业壁垒高，学科融合度较低，培养模式单一，课程学习基本以授课式为主，导师对学生的指导时间和质量总体不高，缺少系统和科学培养学生自学能力的教学体系。二是培养创新创业能力的职业教育发展滞后。我国职业教育总体上仍然沿袭了灌输式、"填鸭式"的教学模式，对培养学生主动创新的实践技能重视不够。职业教育公认度不高、吸引力弱，更多时候是学生无奈的选择。此外，国家及地方财政预算对职业教育的投入不足，办学条件较差等情况长期没有得到显著改善，管理体制、办学体制、教育教学质量等不适应经济建设和社会发展的需要。基于此，"双创"推动的大企业内部创业、创业导师辅导制度、企业家返校讲学机制等，一定程度上解决了上述问题，进一步夯实了创新驱动发展所急需的教育培训基础。

### 美国创新战略之"创业行动计划"

创业美国行动计划（Startup America Initiative）于2011年1月由奥巴马政府颁布，核心内容包括：(1) 使创业企业更容易获得资本。设立10亿美元引导基金，10亿美元初创业发展基金，对小企业投资减少资本获利税，减少税收优惠程序。(2) 让创业者获得创业专业指导。(3) 减少障碍，为创业企业提供更好的政府服务。(4) 加速重大技术从实验室到市场的跨越。(5) 在健康、清洁能源和教育等领域为创业者提供更多的市场机会。其中，就私人部门如何更好激

励下一代创业者方面，一些经验值得借鉴。例如，黑石基金启动“创业板”，将创业中心扩大到更多的大学中，5 年投资 5000 万美元促进创业；“创业板”计划将扩大到五个地区，使创业成为大学生和校友的重要就业途径。莫特基金会（Chamber of Commerce）建立面向社区学院的虚拟孵化器网络，将在 10 个社区学校进行测试，网站将会有一些测试，用来学习相关知识，鼓励学生的创业行为。再如，美国商会（U. S. Chamber of Commerce）的扩大年轻创业者计划，由美国商会自由企业运动会和全国商会基金会联合，于 2011 年投资超过 100 万美元，通过成立新伙伴关系和扩大现有伙伴关系，支持各级学校的创业活动。

# 第 五 章

# “双创”是推进供给侧结构性改革的重要体现

当前，推进供给侧结构性改革的主要任务与“大众创业万众创新”的繁荣发展形成历史性交汇，两者紧密结合、相辅相成。特别是“双创”作为推进供给侧结构性改革的重要举措和抓手，在激发全社会创新创业活力，推动产业迈向中高端水平和形成便利创新创业的制度环境等方面发挥了重要作用。“双创”既可以大幅增加有效供给，增强微观经济活力，加速新兴产业发展，又可以扩大就业、增加居民收入，还有利于补短板、育动能，是经济发展的重要新动能和新引擎。可以说，“大众创业万众创新”既创造新供给，又引发新需求，既在服务业大显身手，也在制造业彰显威力，既是小微企业成长之路，又是大企业兴盛之道，是推动供给侧结构性改革的重要体现。要充分认识到“大众创业万众创新”对推动供给侧结构性改革的重要意义，紧紧围绕供给侧结构性改革的主要任务和目标，聚焦制约创新创业的痛点和难点，持续深入推进“双创”，为供给侧结构性改革提供强大动力和有效支撑。

## 第一节 既创造新供给，又引发新需求

### 一、当前供需矛盾突出的主要表现

改革开放以来，随着我国经济社会的快速发展，供给和需求规模和质量都在快速的扩张和提升。既有市场规模的成倍扩张，也有需求层次的不断升级与跃迁。2016 年，我国社会消费品零售总额突破 33 万亿元，并持续多年保持两位数增长。在量稳定增长的同时，质的有效提升则逐渐成为消费者和市场关注的焦点。我国正在经历

一场消费结构升级“革命”，城乡居民的物质型消费需求基本得到满足，服务型消费需求不断增长，我国城乡居民消费结构正在由生存型消费向发展型消费升级、由物质型消费向服务型消费升级、由传统消费向新型消费升级，品质消费、绿色消费、时尚消费等升级类消费正“多点开花”。表明我国消费者的消费观念正在发生转变，精神、文化层面释放的巨大需求正在推进服务消费市场的快速发展，进而不断加快消费结构升级。

在供给与需求快速增长的同时，我国供求关系变化也暴露出一些问题。其中，最突出的问题在于有效供给不足，供需错配成为当前我国供给侧结构性改革所要面对的首要问题。不同收入层次的消费者在寻求与之需求相对应的商品时存在困难，购买力难以彻底释放、完整实现。对于中高收入人群来说，对现有的商品需求已经趋于饱和，但是更高层次的需求市场仍未出现。大量技术含量低、附加值低、处于生命周期衰退期的商品泛滥市场，技术含量高、附加值高的商品供应不足，造成大量的消费外流。2014 年我国居民境外消费首次突破 1 万亿元，近年来我国居民境外消费节节攀升，2016 年已超过 1.4 万亿元。

党的十九大报告对中国社会主要矛盾作出的新判断也是从供给与需求角度提出的。党的十九大报告指出，我国社会主要矛盾已经转化为人民日益增长的美好生活需要和不平衡不充分的发展之间的矛盾：一方面，温饱问题解决了，全面小康也即将要建成，人民对美好生活的需求不仅包括物质文化方面，而且包括更高层次的需求，如民主、法治、公平、正义、安全、环境，以及更高质量的产品和更加优质的服务等；另一方面，我国已经是世界第一制造大国，社会生产力水平总体显著提高，社会生产力在很多方面进入世界前列，不能再沿用过去“落后生产”的表述，但是发展的“不平衡不充分”问题依然存在，供给质量提升仍有较大空间。特别是“不充分”主要反映动态变化中更偏于总量描述的概念，而“不平衡”则更侧重于结构状态和质量描述的概念，“不平衡”居于矛盾的主要方面，“不充分”从属于“不平衡”。说明新时代我国经济社会发展的主要矛盾已经从供不应求的数量增长转向追求质量和结构的供给升级，工作重心从做大蛋糕到分好蛋糕，努力实现平衡式发展，必须把追求“质量第一、效益优先”的发展理念和提高产品品质、注重个性化需求、提高技术创新能力作为满足人民群众美好生活高品质需求的重要着力点。

## 二、“双创”有助于创造新供给

要破解供给与需求脱节的难题，必须深入推进供给侧结构性改革，催生大量的新企业供给、新产品供给、新技术供给、新要素供给、新产业供给和新制度供给，优化供给结构，促进供需匹配和结构升级。这其中，“双创”是催生新供给的重要方式和途径，主要表现在以下几个方面：

首先，“双创”激发了供给侧结构性改革所需的企业家精神。企业家精神代表着敢于冒险、勇于创新、顽强奋斗，是经济发展最宝贵的动力之一，也是增强供给侧结构性改革动力和活力的重要支柱。正如习近平总书记指出的：“市场活力来自于人，特别是来自于企业家，来自于企业家精神”。这一观点也为理论和实践所证明。如美国波士顿大学罗伯特·金教授和加州大学伯克利分校的罗斯·莱文教授的研究指出，企业家精神能够推动劳动生产率的持续提升。大量实践经验证明，企业家精神的激发使创业的愿景变为现实会带来人们生活质量的改善和劳动生产率的提高。我国经济发展水平较高、市场活力较强的浙江、广东、江苏等地都是企业家精神得到高度激活的地方，而经济始终低迷的东北等老工业基地，也正是缺乏企业家精神的地方。因此，推动供给侧结构性改革，需要大力推动“双创”，弘扬敢于进取、创新创业的企业家精神，解决供给侧结构性改革的动力瓶颈和难题。

其次，“双创”畅通了技术成果产业化转化的渠道，增加了技术供给。大众创业和万众创新的结合就是把创意变成技术，并最终转化为现实产品、推动产业发展壮大的过程。目前，我国已基本形成了以企业为主导、产学研用相结合的技术创新体系，但制约科技成果转化的瓶颈制约依然存在，大量科技创新成果难以转化，锁在了实验室，甚至被“束之高阁”，很多时候是“有技术、无供给”。而“大众创业万众创新”则能够较好地解决这一问题。主要原因在于：其一，“双创”带来的技术创新成果很多是面向市场的创新，能够快速地向市场转移转化；其二，“创客”的使命就是把技术、创意商业化，有了大量的富有创新创业精神的人去推动技术成果产业化，大大提升了成果转化的速度和效率；其三，“双创”往往和金融中介、风险投资等资本活动密切相连，持有多样化的投资组合的创新项目，远远比实验室成果更贴近市场，可以降低风险，促进投资增长和创新活动，加速技术变革与经济增长。同时，金融中介也降低了信息搜寻成本，提高了资源的配置效率，并且通过识别最好的生产工艺，帮助具有新产品和新工艺的企业在技术创新方面得到快速发展，增加了推动供给侧结构性改革的有效技术供给。这些优势都是传统创新模式所难以比拟的。

再次，“双创”拓宽了就业渠道，为新产业新动能培育造就了一大批创新型人才。就业是民生之本，创业是就业之源。根据我国经济社会整体发展与就业形势需要，在总结我国就业政策实践经验的基础上，党的十七大报告提出，实施扩大就业的发展战略，促进创业带动就业。在此基础上，党的十八大报告明确“要贯彻劳动者自主就业、市场调节就业、政府促进就业和鼓励创业的方针”，进一步将“鼓励创业”作为就业工作方针的重要内容，这是对新时期就业工作的重大理论创新。“创业带动就业”这一理论的提出，体现了以人为本发展的本质要求和“人力资源是第一资源”的就业理念，是对市场就业机制的创新与完善。它改变了以往适应岗位的被动就业模式，充分发挥人力资源作为第一资源的主体性作用，推动传统“以物为中心”被动就业模式向“以人为中心”配置其他资源以创造岗位的主动就业模式转变，从源头上重塑了就业的创造机制，有助于形成资源配置的帕累托最优，对实施就业优先战略、完善就业促进长效机制、形成就业新格局影响深远。从我国实践看，近年来如火如荼的“双创”活动也表明，创新创业不仅是实现经济增长与全要素生产率提升的核心动力，更是促进新型就业、培育创新人才的重要途径。在美国，2013 年初创企业创造了超过 200 万个新的就业岗位，占全部新创就业比重超过 20%。在我国，创业带动就业的倍增效果日益显现，根据人力资源和社会保障部劳动保障研究所测算，2015 年新创企业的增加可带动近 20%的城镇新就业增长。另据国家发展和改革委员会宏观经济研究院和 36 氪公司利用大数据技术对全国 248 个城市初创企业招聘需求的统计，2015 年 5 月至 2016 年 5 月，全国 248 个城市初创企业累计招聘人数达到 234. 78 万，“双创”对就业增加的贡献率为 20%左右。在此背景下，创业带动就业成为新时期就业工作的重要内容。此外，“双创”还是收入分配模式的创新，千千万万的人靠创业增收，更好地发挥了“一次分配”的作用，初步探索了一条中国特色的众人创富、劳动致富之路，有利于形成合理的分配格局。

最后，“双创”促进了资源配置的优化。随着供给侧结构性改革的深入，钢铁、煤炭等行业去产能的进一步推进，全国约有 80 万职工需要转移安置，“双创”的蓬勃发展为创造新的就业和创业机会，以及缓解人员安置压力起到了重要作用。部分“僵尸企业”的退出，也有利于盘活土地、厂房、楼宇、银行信贷等社会资源，推动资源流向新供给领域，提高了资源配置效率。此外，“双创”的快速发展也有利于东部地区的“腾笼换鸟”和转型升级，既为闲置资源找到了新的出口，也为“双创”繁荣发展找到了平台载体，促进了资源优化配置和供需衔接。

## “双创”促进新供给的主要表现

一是新企业的供给。近年来，“大众创业万众创新”的深入推进，使得市场主体数“井喷式”增长。2016 年，全国新登记市场主体 1651.3 万户，同比增长 11.6%，其中企业 552.8 万户，增长 24.5%，日均新增 1.51 万户。

二是新产品的供给。在新技术的带动下，智能手机、共享单车、新能源汽车等新产品层出不穷，有效满足并带动了需求结构的升级。

三是新技术和新要素的供给。通过“双创”能够拓展“互联网+创新”等新模式，有助于汇众智搞创新，减少试错成本，降低创新风险，催生新技术的群体性突破。同时，还能激发劳动力（人才）、资本、技术、土地和信息资源、大数据等各类高能要素的发展活力。

四是新产业供给。在“双创”的带动下，很多新企业注册成立，其中，很多新创企业从事电子商务、物流快递、技术研发、文化创意等新产业、新业态，正在成为结构转型升级新动能的孵化器，带来了模式创新、组织优化、机制转变，推动了知识技术密集的战略性新兴产业和现代服务业迅猛发展。

资料来源：笔者根据有关资料整理。

## 二、“双创”有助于激活新需求

“双创”在创造新供给的同时，也能更好地激活新需求。如果没有乔布斯或者特斯拉，可能就没有苹果手机或新能源汽车的今天。因此，供给侧结构性改革和需求侧改革并不矛盾。供给侧结构性改革是对需求侧管理累积问题的集中性综合矫正，二者的目的都是让生产要素潜能充分释放，在新条件下达到均衡。因此，中国供给侧结构性改革本质是一场革命，要用改革的办法推进结构调整，为提高供给质量、激发内生动力营造外部环境。而“双创”就是创造新供给和催生新需求的润滑剂，能够使供给和需求这两个问题同时得以解决，助推中国经济进入健康的运行轨道。随着供给侧结构性改革的深入推进，有可能催生中国新的供给结构的出现，这种新的供给结构一方面满足了需求升级的要求，同时又可以引领需求往更高的层次发展，助推中国经济持续健康发展。尤其是随着“双创”不断向纵深推进，我国“双创”发展模式正在从以商业模式创新和消费领域创业为主的“双创 1.0”向以技术创新为核心、生产领域创新创业为重点的“双创 2.0”演进，“双创”促进技术资本等要素深度融合，不断嫁接传统优势产业，推动工业生产智能化升级，助力金融产品与服务创新，催生教育、医疗、物流等社会化服务新模式，在更好满足需求、推动产业升级等方面的作用日益凸显。因此，当前和今后一个时期，我们要着力优化供给结构，促进产品、技术和业态创新，切实提高供给的质量和效率，不断创造新供给、激活新需求。

## “双创”进入2.0时代

当前，我国“双创”发展模式正在从以商业模式创新和消费领域创业为主的“双创1.0”向以技术创新为核心、生产领域创新创业为重点的“双创2.0”演进，“双创”的主体、领域、模式和成效等发生新的变化，呈现出一系列新趋势、新特点。

一是“双创”领域更加聚焦。“双创”领域正从发展初期的电子商务、本地生活、社交、游戏、旅游等互联网消费领域向信息、生物、技术研发等生产领域聚焦。从创新创业的重要“风向标”——风险投资额的变化情况即可发现这一发展趋势。2016年，互联网领域获得早期投资案例数同比下降47%，资金规模下降31%，而信息技术领域早期投资案例数、金额数分别增长83%和86%，生物技术领域分别增长120%和51%，技术型创业更受青睐，共享经济、信息经济、生物经济等新动能领域成为创新创业“新风口”。

二是技术要素深度融合。技术创新成为“双创”核心牵引力，在推动创业繁荣发展的同时，还有效聚合资本、人才、数据等各类创新要素，促进生产经营方式变革，提高创新效率，有力支撑制造业提档升级、创新发展。如以“大物移云”为代表的新一代信息技术成为创新热点，不断嫁接传统优势产业，推动工业生产智能化升级，助力金融产品与服务创新，催生教育、医疗、物流等社会化服务新模式。

三是成果转化更为活跃。全面创新改革试验积极推进，激励成果转化有了新办法，更多科技创新成果走出“书斋”、走向市场。四川省率先在西南交大试点开展职务科技成果权属混合所有制改革，极大释放科研人员活力，将沉淀的创新成果激发为源源不断的创新动力。2016年完成168项职务发明专利分割确权，创办9家高技术企业，成果转化数量是过去5年总和的15倍。

四是与产业升级结合紧密。“双创”正在从0到1的技术飞跃的基础上，着力推动从1到N的产业应用，带动产业加速升级。目前，“双创”与“互联网+”“中国制造2025”等战略融合程度加深，推动现代技术广泛渗透实体经济，促进个性化、定制化生产方式逐步推开，并有效打破传统行业界限，实现产业融合发展，使产业链、产业组织和商业模式发生深刻变革，引领产业升级新方向。

五是“双创”生态更加完善。创业政策更加完善、创新主体不断涌现、创业要素加快聚合优化、创业环境显著改善，适宜创新创业的生态系统加快完善。孵化器、众创空间、“双创”示范基地等各类平台载体快速发展，具有“创业苗圃—众创空间—孵化器—加速器—产业园区”等综合功能的新型创新创业平台蓬勃发展，有效提供多元化创业服务，支撑“双创”快速发展。

资料来源：盛朝迅：《迎接“双创2.0”时代》，国宏高端智库，2017年10月12日。

## 第二节 既在服务业大显身手，又在制造业彰显威力

当前，我国经济发展进入到速度变化、结构转型、动能转换的新时期，产业发展向形态更高级、分工更优化、结构更合理阶段演

化的趋势更加明显，推动产业迈向中高端，构建现代产业新体系，成为我国产业转型升级和供给侧结构性调整的主要目标。“双创”作为激发企业主体创造力和活力的重要发动机，能够推动产品质量提升、产业技术进步、产业结构优化和产业附加值提升，在推动服务业发展的同时，也能不断促进制造业提质增效升级，助力产业迈向中高端。

## 一、“双创”推动产品质量升级

产品质量差距是我国产业发展水平与世界制造强国形成差距的最直接表现，是导致大量中高端消费“外流”的重要原因，也是我国推动产业迈向中高端要重点解决的问题。要提升产品质量，一方面要靠先进标准的引领，另一方面更重要的是弘扬精益求精、不懈创新、笃实专注的工匠精神。工匠精神饱含了对品牌与口碑的坚守、对用户的诚信、对高品质的执着以及对“百年老店”的孜孜追求，是制造强国实现卓越的共性因素。工匠精神让“德国制造”风靡全球，使德国这个只有 8000 万人口的国家创造出 2300 多个世界名牌，这值得我们在供给侧结构性改革和推动产业迈向中高端过程中学习借鉴。“双创”具有鼓励创新、追求卓越的特征，有助于弘扬工匠精神从而助推产品质量升级，解决产业迈向中高端的微观基础。

## 二、“双创”推动产业技术进步

产业迈向中高端的核心是产业技术水平和产业技术体系迈向中高端，这也是决定经济能否迈向中高端水平的决定性因素。过去 30 多年来，我国产业总体规模迅速扩大，技术水平也有明显提高，但与国际前沿技术还有很大差距。根据联合国工业发展组织发布的

《工业发展报告2016》，2013年我国中高技术制造业增加值占制造业总增加值的比重为44%，比日本、德国分别低11个和16个百分点。从制造业中间投入品的构成来看，我国产业技术水平更为落后，关键装备、核心零部件和基础软件长期依赖进口，这就需要通过源源不断的创新来增加有效技术供给。但创新本身是一项复杂的系统工程，涉及创新资源、要素、结构、生态、环境等诸多方面。如果继续沿用过去小众或科研院所等创新模式，虽然也能取得较多成果，但总体创新失败的风险较大，创新成果与社会需求脱节的风险高，全社会创新资源也难以充分调动和激发。特别是当前我国技术发展已经进入到“追赶、并跑、领跑”并存的发展阶段，以往单纯靠技术引进消化吸收的发展模式和由政府主导培育攻克技术的模式已难以适应新形势的发展要求。很多竞争领域的新技术新产品新业态，往往不是政府发现和培育出来的，而是“放”出来的，是市场竞争的结果。推动“大众创业万众创新”，能够有效调动一切创新资源，营造良好的创新环境，激发市场导向的创新，拓展“互联网+创新”等新模式，有助于汇众智搞创新，减少试错成本，降低创新风险，催生新技术的群体性突破，从而推动产业技术进步。

### 成都高新区通过一站式“双创”服务推动创新供给

在成都高新区，一家大型“连锁超市”正快速布局，谋划“占领”成都高新区大大小小的“双创”基地、孵化器、产业园区、街道社区、线上平台，甚至海外园区，它“货架”上销售的将是全链条、各阶段的高新技术服务“商品”。这种新型科技服务业态就是高新技术服务超市。高新技术服务超市借鉴现代超市经营理念，将围绕研发设计、创业孵化、科技金融、政策咨询、创新创业孵化等高新技术服务业态，聚集政府、高校院所、市场机构等资源，构建“1+N”空间布局，形成线上线下互动，实现跨地区、跨领域的高新技术服务。正是秉承这一理念，近年来成都高新区孵化了一批技术创业特征明显的新创企业。如：极米科技专门生产替代电视的智能投影仪，产品虽然小众，但占全球份额超过50%。

资料来源：根据成都高新区调研资料整理。

## 三、“双创”推动产业结构升级

从产业结构的视角分析，服务业和制造业比例是表征产业结构的重要指标。我国产业结构优化升级的战略重点，是推动服务业加快发展，不断提高服务业比重和水平。近年来，我国服务业持续较快增长，占GDP比重连年大幅上升，这其中，“双创”的贡献非常巨大。2012—2016年，服务业占GDP比重每年上升幅度都在1个百分点以上，5年累计上升7.6个百分点，2016年服务业占GDP比重达到51.6%，已经成为国民经济的主导，并发生了一些标志性的变化，主要表现为：一是2011年服务业就业人数首次超过第一产业，成为国民经济中吸纳就业最多的产业；二是2012年服务业增加值占GDP比重首次超过第二产业，在三次产业中服务业增加值跃居首位；三是2015年服务业增加值首次超过第一、第二产业之和，服务业增加值占GDP比重突破50%大关。与之密切相关的是，近年来我国“双创”领域市场主体的快速增长很大部分来自于服务业。据腾讯公司发布的《2015创业融资全报告》，2015年我国创业融资案例主要集中在电子商务、本地生活、企业服务、金融等O2O领域，占全部融资领域比例高达46.2%，如果再加上文体、医疗、社交、游戏、旅游、房产、广告等服务业领域，比例高达84.7%。可以说，“双创”服务业是目前我国“双创”的主战场，在推动服务业比例上升、促进新产业新业态新动能培育，调整优化经济结构等方面发挥了重要作用。

与此同时，“双创”也是制造业提质增效升级的强大动力，通过集众智、汇众力，极大地激发了制造业创新活力，在增加有效投资、创造有效供给和引领消费需求方面发挥着积极作用，推动制造业向更多依靠创新驱动转变。可以说，“双创”既在服务业大显身手，也在制造业彰显威力。一方面，“双创”可以挖掘传统制造业发展潜力。相比欧美发达国家，我国制造业总体上还处于价值链低端，钢铁、轻工、机械等传统制造业规模庞大，转型升级既有压力也有潜力。通过“双创”注入新技术、新管理、新模式，传统制造业正在加快优化升级步伐。“双创”所带来的传统行业网络化智能化改造浪潮，不仅仅是发展电子商务等网上服务，更是推进工业改造升级的新路径，有助于将传统政府拨付资金的技改模式转变为由众创空间和众多创客依托网络化平台集中全球智慧和资源的分享型众创技改模式，既节约了资源，也提高了技术改造的效率和针对性，对企业的组织架构、研发机制、生产模式、供销链条等都会带来革命性变化，推动企业研发效率提高，加快中国制造智能转型。“双创”还推动传统制造企业运营模式变革，“设计+用户”“制造+电商”“营销+社交”等新模式不断涌现，加速制造业向研发设计、增值服务等价值链高端环节延伸。另一方面，“双创”的繁荣发展会促进新兴产业快速发展。新兴产业是制造业创新发展的着力点，也是培育新产业新动力的重要方向。“双创”改变了渐进式的产业升级路径，为新兴产业的快速发展提供了难得机遇。在“双创”过程中，一批全球性、跨行业的开放式创新创业平台蓬勃兴起，有效集聚了各类企业、研究机构、专业人才及风险投资等创新资源，通过协同设计、众包研发、创新联盟等方式联合攻关，加速突破了一批关键共性技术，推动了先进制造业发展。推动“双创”与“互联网+”“中国制造2025”等融合发展，有助于带动云计算、大数据、工业物联网、3D打印等新技术发展。“双创”加速了工业技术和信息技术跨行业深度融合，催生了云制造、无人工厂、大规模个性化定制等新型制造模式，推动制造业开启智能化进程。“双创”还促进了国家实验室、工程技术中心等大型科研设施的开放利用，降低了企业产品和技术研发成本，促进新材料、高端装备、生物医药等战略性新兴产业创新发展，正在形成制造业新的增长点。目前，全球分享经济呈快速发展态势，创新创业通过分享、协作等方式降低了分享经济发展的门槛和成本，提升了分享经济发展效率，有利于促进分享经济快速发展，从而推动新产业新业态蓬勃发展。此外，“双创”还推动制造业向生产服务型转变。适应制造业与服务业融合发展趋势，由生产型向生产服务型转变是制造业转型升级的重要路径。“双创”正不断激发制造企业竞相开展管理创新、模式创新和业态创新，开拓个性化定制、全生命周期管理、远程运行维护等服务，并不断向产业链其他环节延伸，面向行业提供技术研发、产品设计、大型设备融资租赁、行业电子商务和专业物流等服务，目前，这正在成为制造业企业新的盈利点和转型方向。例如，一些大型制造企业通过“双创”，加快从生产制造向提供系统集成和整体解决方案的服务化转型，显著地提高了企业的经济效益和管理水平。在催生服务型制造的同时，“双创”还促进信息流、技术流、资金流和物流的贯通与整合，大幅降低制造企业服务化转型的成本，推动制造业与服务业加速融合，不断提升发展的质量和效益。

### 共享集团通过“双创”推动制造业转型升级

始建于1966年的共享集团，是一家在“三线建设”时期从东北搬迁到银川的铸造企业。近年来，共享集团抓住“双创”发展契机，积极推行“互联网+研发”，集众智、借外脑，成为铸造3D打印产业化应用的领跑者，建设多家数字化智能化示范工厂，引领铸造行业转型升级，组建国家智能铸造产业创新中心，建设更开放的平台，让大中小企业、科研院所都进来，形成聚集效应和创新工场，推动传统制造浴火重生，努力打造“互联网+‘双创’+绿色智能铸造”的产业生态，通过创新将过去“傻大黑粗”的铸件，变成更适应市场的精细灵巧的新产品，从“傻大黑粗”变成了“窈窕淑女”，被李克强总理称为：“对传统产业进行颠覆性改造的典范，是中国制造业新旧动能转换的生动体现”。

资料来源：共享集团提供。

## 四、“双创”有助于提升产业附加值

对一个国家、地区或企业而言，创新的意义不仅仅在于新科技、新产品或新服务的出现，更多在于创造新的价值，因为没有价值创新的新科技或新产品不能带来利润，只是浪费资源。正如熊彼特所言，创新如果不能最大限度地获取超额利润，就不能称之为真正的创新。这是因为基于科学知识、实验成果得到的新技术、新流程、新发现更多只是科学创新，如果不进行商业转化，其本身并没有多少价值。而“双创”的本质则是推动产业化、市场化的创新，具有和产业发展更为紧密联系的特征，能够促进科技与经济对接、创新成果同产业对接、创新项目同生产力对接、研发人员创新劳动与利益收入对接等“四个对接”，形成有利于创新成果产业化的机制，是能够把创新成果变成产业活动的产业化创新，有助于促进成果转化，推动产业竞争力和附加值实实在在的提升。正如2016年版的《美国总统经济报告》所言，创业是推动美国经济增长和劳动生产率提高的关键，也是推动新产品或者新服务从创意走向市场的第一步，能够提升产业附加价值，推动产业迈向中高端。但是，客观而言，我国在全球价值链中整体上仍处在中低端。这突出地表现为：加工贸易比重高，出口以劳动密集型和资源密集型产品为主，在技术密集型产品的生产过程中处于劳动密集型和资源密集型生产环节的比重较高。目前我国亟须通过“双创”，提升技术创新实力，发展中高端制造，打造高水平营销网络，把我国在全球价值链分工体系中的地位从低技术、低附加值的环节提升到中高技术和中高附加值的环节，实现微笑曲线“中部抬起、两端延伸”。

## 第三节　既是小微企业成长之路，又是大企业兴盛之道

“大众创业万众创新”对于激发经济发展活力、提升全要素生产率至为重要。正如2006年诺贝尔经济学奖得主菲尔普斯在《大繁荣》一书中所论述的，“大众创新就是把各种类型的人都变成创意者，金融家成为思考者，生产商成为市场推广者，终端客户也成为弄潮儿”，“大众创业万众创新”，可以有效激发全社会的创新创业热

情，推动创意、人才、思想、资金、技术和企业家等供给侧结构性改革所需的高端要素爆发式增长，催生大量的新成长企业，增强微观经济活力。同时，“双创”也为大企业拓展内部创业新模式，构筑完善产业生态链提供契机。可以说，“双创”既是小微企业成长之路，又是大企业兴盛之道。

## 一、“双创”是小微企业成长之路

从新创企业数量来看，“双创”的主体是中小微企业。中小微企业是经济活力的源泉和实施“大众创业万众创新”的重要载体，在增加就业、促进经济增长、科技创新与社会和谐稳定等方面具有不可替代的作用，对国民经济和社会发展具有重要的战略意义。同时，信息网络技术的迅猛发展和普及应用，推动了创新门槛迅速降低、创新环境空前开放、创新与创业紧密结合，为中小微企业创新创业提供了新平台、新空间。持续深入推动“双创”，有助于解决中小企业创设与发展中存在融资难、成本高和创新能力不足的突出问题，进一步减轻企业负担，降低小微企业融资成本，并通过众创空间和小微企业创业基地建设，培育一批示范带动作用强的国家小微企业创业示范基地。同时，通过加快公共服务平台网络建设，组织开展面向中小企业的管理咨询活动等，完善中小微企业平台网络服务标准和功能，提高服务质量，营造更加有利于中小企业创业兴业的良好环境。可以说，“双创”是小微企业成长之路。

## 二、“双创”是大企业兴盛之道

与此同时，越来越多的大企业开始通过鼓励员工内部创业等模式推动“大众创业万众创新”向纵深发展。在这方面，央企率先行动，比如航天科工集团依托“互联网+”平台，不仅内部活跃着2000多个“双创”团队，而且广泛聚集社会上各类创客和创新资源，既解决自身难题，更带动提升全社会创新创业热情和创造能力。洛阳矿山机械厂以创客空间模式建立了5个大工匠工作室和16个工人创客群体，直接参与者达到500多人，并带动4000多名一线工人成长成才。一些大企业还建立了一批开放创新创业平台，还有的企业积极利用第三方开放创新平台资源，成为技术联合攻关和人才培养的新高地。海尔集团打造的开放创新平台聚集了10多万家创新资源，实现与全球专家、用户、发烧友的实时互动，大幅提升了产品研发效率。阿里巴巴和富士康合作打造的“淘富成真”项目，通过嫁接阿里的市场营销资源与富士康的“工业4.0”制造能力，把大企业变成中小微企业创新创业的平台，建设全新、立体、复合的创新创业生态系统和有利于小微企业快速成长的“创新牧场”。大企业开展“双创”还有助于挖掘全球创新资源，推动社会创新创业项目加速产业化。大众创业和万众创新的结合就是把创意变成技术，并最终转化为现实产品、推动产业发展壮大的过程。中航工业“爱创客”孵化出高端航拍无人机、智能外骨骼机器人、农业植保无人机等航空技术相关项目。

大企业“双创”还推动了产业链协同创新与产业生态构建。比如，鲜易控股打造了一个开放共享、共生共赢的智慧生鲜供应链创新创业生态圈，汇集了数万个供应商、采购商、品牌商、运营商和服务商共享金融、数据、技术、标准、信息等资源要素。杭州高新区（滨江）推动大企业围绕产业链布局众创空间，打造为产业链服务的孵化器，如海康威视、大华等支持有强烈离职愿望的员工围绕公司业务创业，创业成功就收购员工创业项目，成为公司业务新增长点，创业失败就招募回公司继续就业，推动人才循环流动，形成类似于“一棵大树周边围绕着众多中小微生物”的生态群落。

“双创”也是大企业的兴盛之道。通过“大众创业万众创新”的蓬勃发展，大企业能够集聚全员智慧，迸发更大能量。同时，通过为社会提供孵化等服务，大企业可以发挥自身研发实力强的优势，成为推动产业技术进步和科研成果转化的主体。

事实上，推动供给侧结构性改革，既要大企业发挥旗舰引领作用，也要有众多中小企业分工配套，形成大中小企业协同共进的新格局。“双创”所秉承的“不求所有、但求所用、成果共享、风险共担”的理念，正推动不同规模、不同所有制的企业突破自身边界，形成协同共生的产业生态系统。大企业具有人才、技术、品牌、市场等优势，在推进创新创业中的地位举足轻重，引领作用不断增强。特别是近年来，越来越多的技术和管理人才离开大企业自主创业，已经形成了联想系、百度系、腾讯系、华为系等一系列“创业系”和“人才圈”。部分大企业充分发挥资金、技术、人才、客户资源等优势，通过设立产业投资基金、开展供应链金融服务、搭建创业孵化平台和协同创新平台等模式，加速创意孵化和技术成果产业化，助推一批中小企业快速成长。一些大企业组建面向行业的开放式创新平台，成为技术联合攻关和人才培养的新高地，也为大中小企业协同发展提供了新路径。“双创”还催生了一批服务全行业的第三方资源平台，有效促进了大中小企业间的资源协同与供需对接，推动形成一批竞争优势明显的虚拟制造产业集群。

## 三、“双创”有助于完善供给侧结构性改革的制度供给

国内外大量的实践和研究表明，制度重于技术，环境高于投入。

供给侧结构性改革的关键在于能否营造有利于创新创业的制度环境，促进一大批新创企业、新产品新技术新模式快速涌现。如《美国创新战略》2015 年报告就明确提出，随着创新过程更趋开放、创业门槛不断降低，美国需要依靠私营部门和大众，通过加速再工业化、鼓励大众创新完善创新生态系统。在我国，推动“双创”也是要通过供给侧结构性改革和体制机制创新，消除不利于创新创业发展的各种制度束缚和桎梏，支持各类市场主体不断开办新企业、开发新产品、开拓新市场，培育新兴产业，形成小企业“铺天盖地”、大企业“顶天立地”的发展格局，实现创新驱动发展，打造新引擎、形成新动力。这就表明，“大众创业万众创新”与供给侧结构性改革对良好的制度环境的要求是相互依存的，一方面“双创”呼唤良好的制度环境和生态系统推动其繁荣发展。比如，美国硅谷的成功很大程度上得益于其具有适宜创新创业的生态系统。我国深圳等地新经济新动能蓬勃发展的重要原因也是因为其有良好的创新创业环境，从而集聚了国内的创业者和技术、资金等资源。另一方面，供给侧结构性改革也需要“大众创业万众创新”所激发的活力倒逼体制机制完善和改革，形成有利于创新的体制机制和大中小企业创新创业氛围，从而完善供给侧结构性改革的制度供给，推动供给侧结构性改革的深化和主要任务措施的落地。比如通过简政放权、放管结合、优化服务，制定公平竞争审查制度，推进“五证合一、一照一码”登记制度改革，加快信用体系建设，加大知识产权服务和侵权执法力度，营造有利于公平竞争、宽松有序的市场环境，激发全社会创业活力和创新潜能，加速补短板育动能。此外，“双创”推动形成的良好市场竞争机制和退出机制，有助于推动更多运用市场化手段“去产能”，从而减少“去产能”过程中的部分阻力，使“去产能”

更为符合市场本身运行的要求；“双创”通过优化技术供给的新机制新模式，有助于通过技术进步降低企业成本，提升企业竞争实力；“双创”形成的良好生态环境，有助于打通资本—技术—产业化等紧密衔接的链条，有助于弥补风险投资等发展不足的短板等。

# 第 六 章

# 建立健全“双创”的评价指标体系

“大众创业万众创新”既是当前稳增长调结构的需要，也是保持经济可持续发展的长期政策。借鉴国际上评价“双创”发展的主要指标，构建科学客观反映我国“双创”运行与发展情况的指标体系和综合指数，作为国家推动“双创”发展的“指挥棒”和“风向标”，对推动我国“双创”深入健康发展具有重要意义。

## 第一节　评价指标体系是“指挥棒”和“风向标”

李克强总理在2014年9月召开的夏季达沃斯论坛开幕式上首次提出，要借改革创新的“东风”，在960万平方公里土地上掀起“大众创业”“草根创业”的浪潮，形成“万众创新”“人人创新”的新态势。推进“双创”，既是发展的动力之源，也是富民之道、公平之计、强国之策，是建设中国特色社会主义题中应有之义。但用什么指标来刻画“双创”活动和成效？随着“双创”的蓬勃发展，国内一些机构提出了“双创”的评价指标，但由于对“双创”的内涵理解等方面存在差异，所提出的评价指标不尽相同。究竟用哪些指标来衡量“双创”，是当前推进“双创”工作需要解决的重要问题。

从理论上看，建立健全“双创”的评价指标体系，有利于加深对“双创”发展的科学认识，厘清“双创”发展的动力机制，总结“双创”发展的内在规律，推动“双创”发展的理论研究，促进“双创”发展与实施创新驱动发展战略、推进供给侧结构性改革的良性互动，为以“大众创业万众创新”培育经济增长新动力提供扎实的理论基础。

从实践上看，建立健全“双创”的评价指标体系，有利于对国家乃至特定区域的“双创”发展情况进行科学、客观、定量的综合评估和比较分析，准确定位现阶段“双创”发展水平，理性看待当前“双创”发展不足，及时破除“双创”发展障碍，有效调控“双创”发展方向，加快落实“双创”支持政策，为推动“双创”深入发展营造良好的制度条件和社会氛围。

## 第二节 “双创”评价指标体系设计原则

为进一步推进“双创”工作，可通过建立两大指数来考量。一是反映“双创”发展环境的指数，可称为“双创”生态环境指数（Entrepreneurship Innovation Ecosystem Index，简称 EIEI），由市场环境、营商和法制环境、政策环境等指标加权构成，以此作为推动“双创”工作的“指挥棒”。二是反映“双创”运行情况的指数，可称为“双创”发展景气指数（Entrepreneurship Innovation Prosperity Index，简称 EIPI），其主要由新登记注册企业数、创业投资额等指标加权组成，以此作为“双创”发展的“风向标”。

在具体指标的选择上，应遵循以下原则：一是要坚持需求导向，旨在体现国家推进“大众创业万众创新”的意图。二是要客观、准确反映“大众创业万众创新”的运行情况。三是选取指标要有代表性，宜少不宜多，注重实用性。同时还要考虑指标数据的可获得性和可操作性，使指标可评估、可考核，便于推动“双创”工作的落实。四是要具有一定的国际可比性，把定量指标和定性指标结合起来。

## 第三节 构建“双创”生态环境指数

推动“大众创业万众创新”的关键是营造有利于创新创业的制度和市场环境。政府重点在营造创新创业环境方面下功夫，建立健全创新创业的生态环境，培育人才、资金、技术和信息等创新要素，有效发挥市场配置资源的作用，使大众创业和创新更加顺畅，真正形成新的经济增长点和转型发展新引擎。初创企业要“长得好、长得壮”，关键也取决于良好的生态环境。因此，有必要构造“双创”生态环境指数，主要由以下 7 个方面的指标构成。

一是市场环境（$EIEI_1$）。包括市场准入、市场竞争秩序以及人才、资本、技术等要素市场体系发展情况，这是影响创新创业非常关键的因素。如果不对社会资本开放，创业就没有商机，很难发展起来；如果缺乏退出机制，天使投资和创业投资就很难发展起来。因此，营造良好的市场环境是推进“双创”的关键。

二是营商和法制环境（$EIEI_2$）。主要包括开办企业的难易程度、知识产权保护等方面，这是影响创新创业发展的重要因素，也是目前我国“双创”发展的最大短板之一。具体可从开办一个企业的时间、投资项目从立项到开工的时间、从申请到拿到贷款的时间、知识产权保护等指标来评价。

三是政策环境（$EIEI_3$）。政府对“双创”的大力推动和政策支持，是影响创新创业发展情况的重要因素，包括创业企业税负情况、政府创业计划等。具体指标可用中小微企业的税率、政府引导基金规模等指标来评价。

四是服务体系环境（$EIEI_4$）。创业平台和服务是支持创新创业的必要条件，它有利于降低创业成本，减少创业者失败的风险。具体可用科技孵化器、众创空间数量以及创业培训机构数量、入驻企业数量、毕业企业数量、创业培训场次、创业导师数量等指标来衡量。

五是科技教育环境（$EIEI_5$）。强大的科技教育基础以及良好的技术转移机制是推动创新创业发展的动力。国际上一些先进的创新创业高地都拥有一批世界一流的大学和科研机构。具体可用高水平论文数、高质量专利数、技术转移等指标来评价。

六是上下游供应链和创新网络环境（$EIEI_6$）。创新创业生态体系不是各个要素的简单叠加，而是创业者、大企业、高校和科研机构、金融机构、中介机构等相互作用、良性互动形成的统一整体。一些全球创新创业高地的发展实践表明，创新创业很大程度上是一种集群化和网络化现象，很多新创企业都是依托一定母体借助于关系网络而衍生或孵化出来的。因此，政府的重要工作之一是完善产业链和创新链，推动形成“创新系”和“创业群落”。具体可用产业配套情况、“创业系”发展情况等指标来衡量。

七是企业家精神和创业文化环境（$EIEI_7$）。企业家精神和创业文化是创新创业的“土壤”和“空气”，对推动“双创”具有重要作用。企业家精神和创业文化是“历史的沉淀”，需要一个漫长的过程，它与当地创业企业数量多少、大型创业企业情况以及人口结构等因素有很大关系。国际上主要用“创业者的社会地位”“创业作为重要的职业选择”来评价，一般采用专家打分法。具体可采用创业企业上市公司数量、创业大企业数量、创新创业舆情指数等指标来衡量。

计算方法是先对各个指标进行无量纲化处理，得出0—100的分值，乘以相应的权数，最后得出全国或一个地区的分值，计算公式为：$EIEI = \sum \alpha_i EIEI_i$。其中，$EIEI_i$为衡量“双创”发展的第 $i$ 个指标分值，$\alpha_i$为第 $i$ 个指标的权重。

**表 6-1 “双创”生态环境指数指标体系**

| 序号 | 一级指标 | 权重 | 二级指标 | 数据来源 |
| --- | --- | --- | --- | --- |
| 1 | 市场环境 | 0.2 | 市场准入情况 | 采取专家调查和打分方法确定分值 |
| | | | 公平竞争状况 | |
| | | | 资本市场发展情况 | |
| | | | 信用体系建设情况 | |
| 2 | 营商和法制环境 | 0.2 | 企业登记注册时间 | 国家工商总局、国家知识产权局等部门 |
| | | | 投资项目从立项到开工的时间 | |
| | | | 中小企业贷款申请到放款时间 | |
| | | | 知识产权侵权平均判赔额度 | |
| | | | 知识产权年均诉讼案件数量 | |
| | | | 知识产权从提请诉讼到立案、取证、判赔的时间 | |
| 3 | 政策环境 | 0.1 | 中小微企业的税负水平 | 国家税务总局等部门问卷调查 |
| | | | 政府引导基金规模 | |
| | | | 政策落实情况 | |
| 4 | 服务体系环境 | 0.1 | 科技孵化器、众创空间数量、入驻企业数量 | 国家科技部等部门 |
| | | | 创业培训举办场次 | |
| | | | 创业导师数量 | |
| 5 | 科技教育环境 | 0.1 | 论文数及其增长率 | 国家教育部、国家知识产权等部门问卷调查 |
| | | | 专利数及其增长率 | |
| | | | 高校和科研机构技术转移情况 | |
| | | | 高校学生数量 | |
| 6 | 上下游供应链环境 | 0.1 | “创业系”发展情况 | 通过调查和专家打分确定分值 |
| | | | 产业集群发展情况 | |

续表

| 序号 | 一级指标 | 权重 | 二级指标 | 数据来源 |
|---|---|---|---|---|
| 7 | 创业文化环境 | 0.2 | 创业企业上市公司数量及其占当地经济比重 | 从相关统计资料和大数据获取 |
| | | | 创业大企业数量 | |
| | | | 常住人口户籍（或出生地）结构 | |
| | | | 创新创业舆情指数 | |

## 第四节　构建“双创”发展景气指数

“双创”发展景气指数是刻画创新创业运行态势的综合指数，既要充分体现国家推动“大众创业万众创新”的基本导向，也要考虑现实中存在的若干约束；既要充分反映影响因素的变化，也要能够反映创新创业的产出成果。基于上述基本考虑，确定了构建“双创”发展景气指数应遵循的三点基本原则。

一是突出测度导向。指数反映的是整个宏观层面创新创业运行态势，而并非衡量某一地区的创新创业环境等其他目的。二是体现政策意图。所选取的具体维度都充分反映了“大众创业万众创新”的政策意图，如创业投资发展、创新支撑创业、创业带动就业等。三是指标简洁明确。指标体系应尽量兼顾指标体系的精简性与数据的可得性。没有建立过于冗繁的指标体系，而是精挑细选维度和指标，尽可能地提升指标体系的含金量。另外，利用多个来源数据，并借助大数据统计方法。为突出主旨，指标体系构建应尽量避免过于冗繁的指标体系，精挑细选维度和指标，尽可能提升指标体系含金量。同时，受限于指标可得性，不得不选取一些替代性指标，以使统计分析可行。因此，在指标体系构建过程中，无法纳入一些已经存在“国际标准”和较好可比性的指标（如自我雇佣比率、企业进入与退出率等）。

“双创”发展景气指数以描述“双创”运行态势为目的，结合数据可获得性和可比性，选取以下4个维度和相关指标反映“双创”发展景气程度。

一是创业企业数量。新登记注册企业数是衡量创业发展情况最直接的指标。国际经验表明，一个国家新创办企业的数量及企业的密度，是反映创新发展水平和经济繁荣程度的重要标志。因此，选择“新登记企业数量”指标，基础数据来自国家统计局。

二是创业投资。创业投资是国内外公认的衡量创新创业活动情况的重要指标，也是相对比较真实、“比较硬”的指标，被认为是创新创业情况的“晴雨表”。根据投资企业的阶段不同，广义创业投资包括早期投资、VC/PE等，同时投资本身包含基金募集、投资两个环节。因此，选择“早期投资基金募集额”“VC基金募集额”“早期投资额”“VC投资额”指标，基础数据来自清科私募通。

三是退出渠道。并购与上市是创业投资退出的两个重要渠道，也是反映创业企业成长状况的指标。一般地，创业企业发展要经过种子期、初创期、成长期和成熟期几个阶段。创业企业被收购、实现新三板挂牌和IPO，都是创业成功的重要标志。因此，选择“创投基金项目并购退出额”“PE/VC并购金额”“新三板新增挂牌企业数”“新三板增发实际募集额”“创业板新股发行募集额”指标，基础数据来自清科私募通、Wind数据库、Choice数据库。

四是创新支撑。国际上通常用“新产品和新服务的比例”来评价创新支撑经济发展的效果，由于我国尚未发布有关统计，暂用专利与技术市场方面的有关指标替代。为了突出专利质量并与知识产权统计调整相衔接，选择“国内申请人发明专利授权量”“技术合同成交额”指标，基础数据来自知识产权局、科技部火炬中心。

在比较国内外赋权方法优劣的基础上，“双创”发展景气指数采用“专家打分法”“逐级等权法”进行权数分配，即根据相对重要性对不同领域予以赋权；各子领域权重为 $1/m$（$m$ 为子领域的个数）；在某一领域内，指标对所属领域的权重为 $1/n$（$n$ 为该领域下指标的个数）。“双创”发展景气指数编制采取以基期年份指标值作为基准进行比较的“指标增速”方法，即对各指标计算增速或发展速度，再根据相应权重加权得到。与以往采取的区间标准化方法相比，这种方法具有指数化特征更突出、数值含义更为明确、以往数值不受新增数据影响等优点。

**表 6-2 “双创”发展景气指数指标体系**

<table>
<tr><td rowspan="13">“双创”发展景气指数指标体系</td><td>领域</td><td>权重</td><td>子领域</td><td>权重</td><td>指标</td><td>权重</td></tr>
<tr><td>创业企业</td><td>0.1</td><td>新增企业</td><td>0.1</td><td>新登记企业数量</td><td>0.1</td></tr>
<tr><td rowspan="4">创业投资</td><td rowspan="4">0.4</td><td rowspan="2">基金募集</td><td rowspan="2">0.2</td><td>早期投资基金募集额</td><td>0.1</td></tr>
<tr><td>VC 基金募集额</td><td>0.1</td></tr>
<tr><td rowspan="2">项目投资</td><td rowspan="2">0.2</td><td>早期投资额</td><td>0.1</td></tr>
<tr><td>VC 投资额</td><td>0.1</td></tr>
<tr><td rowspan="5">退出渠道</td><td rowspan="5">0.3</td><td rowspan="2">并购退出</td><td rowspan="2">0.1</td><td>创投基金项目并购退出额</td><td>0.05</td></tr>
<tr><td>PE/VC 并购金额</td><td>0.05</td></tr>
<tr><td rowspan="2">新三板融资</td><td rowspan="2">0.1</td><td>新三板新增挂牌企业数</td><td>0.05</td></tr>
<tr><td>新三板增发实际募集额</td><td>0.05</td></tr>
<tr><td>创业板融资</td><td>0.1</td><td>创业板新股发行募集额</td><td>0.1</td></tr>
<tr><td rowspan="2">创新支撑</td><td rowspan="2">0.2</td><td>专利授权</td><td>0.1</td><td>国内申请人发明专利授权量</td><td>0.1</td></tr>
<tr><td>技术交易</td><td>0.1</td><td>技术合同成交额</td><td>0.1</td></tr>
</table>

注：创业带动就业情况是衡量创业成效的重要指标。由于我国暂未发布有关统计，故采取大数据统计方法，以“初创企业新增招聘岗位数”作为参考指标，基础数据来自 36 氪。由于数据的可获得性和同步性问题，创业就业维度暂不赋权，该指标仅作为参考性指标。

# 第五节　“双创”发展景气指数评价

2016年“双创”发展景气指数保持高位运行，新增企业主体数量、创业投资基金募集规模、创业板新股发行募集额、新三板新增挂牌企业数量、技术合同成交额不断扩大，同时创业投资结构不断优化、投资行为更趋成熟，专利质量明显提升，表明“大众创业万众创新”正向更大范围、更高层次、更深程度发展。

## 一、“双创”发展景气指数保持高位调整

2016年“双创”发展景气指数均值为184.5，较2015年提高5.8%，但增速同比下降15个百分点。这表明在经历2013年以来的高速增长后，“双创”发展景气指数在2016年步入调整期。

分季度看，2016年“双创”发展景气指数值呈现“先升后降”的高位调整，1—4季度指数分别为177.2、188.4、188.7和183.7，同比分别提高10.4%、9.9%、2.6%和1.2%。其中，上半年出现明显上升，主要是由于VC募集与并购退出、新三板新挂牌和增发募集额的增长较快。下半年指数出现略降，主要是由于早期投资募集、VC投资、VC并购退出、新三板新挂牌和增发、创业板新股募集额、国内申请人发明专利授权的增速明显放缓。

分维度看，创业企业、创业投资、退出渠道、创新支撑四方面的全年均值分别为135.2、168.4、263.5和122.8，同比分别提高5.6%、3.9%、8.2%和3.8%。其中，退出渠道增速领跑其他维度，成为支撑全年“双创”发展景气指数继续抬升的主力。与2015年相比，创业投资与退出渠道的增速分别下降15.6个和21.9个百分点，

是2016年“双创”发展景气指数增速放缓的主要原因。

## 二、指数显示“双创”呈现量增质优特征

### （一）“双创”发展的“量”不断扩大

2016年，在创新创业机会持续增多、“放管服”改革深入推进、创投政策释放利好等积极因素作用下，新增企业主体、创投基金募集、挂牌上市融资、技术市场交易等方面不仅保持了2015年以来的高位水平，个别领域还出现了较为明显的增长。

一是新增企业主体保持较快增长势头。新创办企业的数量及企业的密度是反映“双创”活跃度和经济繁荣度的重要标志。2016年，全国新登记企业552.8万户，同比增长24.5%，增速比2015年提升2.9个百分点，平均每天新登记企业1.51万户，比2015年高出0.29万户。截至2016年年底，我国实有企业数量2596.1万户，同比增长18.8%，连续四年保持两位数增长。

二是VC投资基金募集规模大幅上升。投资基金的募集规模是决定创投资金是否充裕的重要因素。2016年VC投资基金募集金额536.9亿美元（约合人民币3580亿元），同比增长79.3%。虽然2016年VC投资基金案例数仅比2015年微涨6.5%，但仍是自2013年以来的最高水平。受募集总额上升的影响，单个VC投资基金的募集额也大幅上升。

三是创业板融资与新三板挂牌持续旺盛。创业板上市和新三板挂牌是科技型初创企业融资、创业投资成功退出的重要途径。受资本市场调整影响，2016年创业板新股发行募集额低开高走，全年仍达到2185.98亿元，同比增长41.9%。2016年新三板新增挂牌数量增速较2015年有所放缓，但全年仍达到5067家，目前总数达到一万多家。

四是技术合同成交额首次跨越万亿门槛。发达的技术交易市场

有助于加速专利价值实现和促进科技成果转化，为创业提供更坚实的创新基础。2016 年全国技术合同成交额达 11407 亿元，同比增长 15.97%，增速比 2015 年提升 1.2 个百分点左右，这也是技术合同成交额首次迈过万亿门槛，表明我国技术市场交易规模加速扩大，市场发育程度不断提高。

（二）“双创”发展的“质”明显提升

2016 年，创业投资的结构、行为以及专利授权质量等方面出现积极变化，反映“双创”的“质”大幅提升，为创新创业持续深入发展提供坚实基础。

一是早期投资逆势增长且技术领域更受投资人青睐。包括天使投资在内的早期投资是创业项目融资的关键渠道。2016 年我国早期投资 2051 起，在案例数不及 2015 年的情况下，早期投资披露的总金额达到 18.4 亿美元（约合人民币 122 亿元），同比增长 13.6%。在早期投资基金募集额和 VC 投资额均同比下降的情况下，由于对优质有限合伙人的选择区间范围拓宽，市场对早期科技创业的支持力度不断加大，早期投资逆势增长。2016 年，互联网领域获得早期投资的资金规模同比下降 31%，信息技术领域早期投资金额数同比上升 86%，生物技术/医疗健康行业早期投资金额同比增长 51%，反映出投资者对技术创业领域的较高预期，创业投资结构更加优化。

二是 VC 投资平均规模稳中趋降。作为介于早期和成熟期之间的投资，VC 投资是支持初创企业发展的关键力量。2013—2014 年，我国迎来新一轮创新创业热潮，创业项目估值激增。2015 年，由于 VC 投资机构的投资阶段逐渐前移，创投机构投资初创期项目的比例不断加大，VC 投资案例数猛增。2016 年 VC 投资平均规模稳中趋降，显示项目估值回归理性，尤其是非早期项目的单个估值有所回落，科技项目受到资本市场追捧，显示 VC 投资的结构更趋优化，投资者的投资行为更趋成熟。

三是发明专利审查趋严倒逼专利质量加速提升。自 2016 年 9 月开始，我国发明专利审查日趋严格，受此影响，发明专利授权数量连续数月呈现大幅下降，四季度发明专利授权量更是出现断崖式下降。统计显示，2016 年国内申请人发明专利授权量仅为 30. 2 万件，同比增长 14. 7%，增速较 2015 年大幅放缓。但与此同时，由于审查严格，专利质量提升，有利于提升创业质量。

四是创新创业带动新增就业并提升就业质量。创业带动就业情况是衡量创业成效的重要指标。大数据统计显示，2016 年初创企业网上新增招聘岗位数 243. 6 万个，其中一至三季度同比增长明显，四季度有所回落。按全年新增就业 1300 万人估算，初创企业对全年新增就业贡献达到 18. 7%，与发达国家 20%左右的水平十分接近。其中，出行、住房、教育、娱乐、医疗保健等民生领域的新模式新业态的用工需求增长明显。

## 三、创业投资退出渠道不畅问题亟须解决

尽管 2016 年创新创业保持高位发展态势，但“双创”景气指数仍反映出当前创新创业发展面临 VC 并购退出下降、新三板募资不畅等现实问题。

一是并购退出火爆但 VC 并购退出有所下降。2016 年以来，我国大力推进供给侧结构性改革，通过兼并重组促进传统行业的资源整合，加快新兴产业的行业布局。VC/PE 并购持续火爆，显示我国正步入兼并收购和产业整合的新阶段和黄金时期。但与“双创”密切相关的创业投资退出则略有下降。Wind 数据显示，2016 年创业投资基金项目并购退出额同比下降 20%左右。清科数据也显示，2016 年 VC 投资并购退出案例仅为 155 件，同比下降 44. 6%，反映市场观

望或看淡情绪，创投退出比 2015 年更加困难。

二是新三板挂牌企业数增长不少但市场流动性仍较差。2016 年新三板市场交易额为 1912.28 亿元，比 2015 年仅多出 2 亿元。2016 年新三板挂牌企业数从 2015 年的 5129 家跃升至 10163 家，同比增长 98.4%，但全年新三板挂牌企业年融资额为 1477.82 亿元，同比仅增长 21.5%。2016 年受 IPO、控制股价等因素影响，新三板出现了从未有过的做市转协议案例，并且数量不断增加，下半年每月新增案例接近 10 家。转板制度衔接不畅、流动性痼疾未消，导致新三板出现做市交易“退潮”、定增融资停滞不前、股权质押案例明显增多。2016 年新三板共发生 3828 笔股权质押，数量是 2015 年的 3.5 倍多。平均融资规模下降与股权质押激增，表明企业融资难度增加。

## 四、2017 年“双创”发展景气指数展望

从一季度数据看，2017 年创新创业在高起点上稳步推进，总体开局良好。2017 年 1—2 月，新登记企业数、新三板成交额与创业板新股发行募集额呈现“两升一稳”态势。其中，全国新登记企业继续增长 11.2%，达到日均新增 1.2 万家。新三板成交额达到 332.5 亿元，比 2016 年同期增长 16.7%左右；创业板新股发行募集额为 180 亿元，与 2016 年同期大体持平，但去除季节性因素后，新股发行募集额的趋势值仍有所增长。投资者对 2017 年的发展预期总体正面，普遍认为 2017 年创业投资资金会更为充裕，看好制药、数字新媒体、深度学习等领域投资前景。

从全年走势看，新三板、军民融合、创业投资、成果转化、创业生态等有望成为提振 2017 年“双创”发展景气指数的积极因素。一是新三板内部分层可能会进一步推进，企业融资可能会有所好转。

2017年有可能进一步在“创新层”内部再划分出“精选层”，从而为提高流动性、完善转板制度创造条件。二是军民融合可能进入加速期，创新创业的机会空间和发展潜力将更加巨大。2017年中央决定设立中央军民融合发展委员会，这表明军民融合的顶层设计将迅速全面展开。三是促进创业投资健康发展的政策效应逐步显现，创业投资发展质量将不断提升。随着“创投十条”配套政策落地，2017年创业投资发展有望迎来新一波发展高潮。四是科研经费管理体制改革细则有望出台，科研人员从事成果转化和科学研究的积极性将进一步激发。五是“双创”示范基地将适时适度扩围，大企业参与创新创业可能持续发力并取得显著成效，形成功能更完善、链条更完整、服务更优质的创新创业服务生态。

## 第六节　国际上评价创新创业发展的主要指标

### 一、全球创新指数

全球创新指数（The Global Innovation Index，简称GII），由世界知识产权组织、美国康奈尔大学、欧洲工商管理学院联合组成的GII团队共同发布。GII是一个不断发展完善的项目，它以之前版本为基础，不断纳入最新的可用数据，并从衡量创新的最新研究中产生数据。2016年GII涵盖创新投入和创新产出2个次级指数、7个一级指标、21个二级指标和82项三级指标，并对四个衡量项目进行计算：总体GII、创新投入和创新产出分指数以及创新效率比。

GII总得分是创新投入和创新产出次级指数的简单平均数。创新投入次级指数通过五个投入支柱来捕捉国家经济中使创新活动成为可能的要素，分别为制度、人力资本和研究、基础设施、市场成熟度和商业成熟度。创新产出次级指数包括两个支柱：知识和技术产出以及创意产出，在计算 GII 总得分时，它与创新投入次级指数具有相同权重。创新效率比是创新产出次级指数与创新投入次级指数之比，它表明某一国家的创新投入获得了多少创新产出。

**表 6-3　2016 年全球创新指数框架**

| | 次级指数 | 一级指标 | 二级指标 |
|---|---|---|---|
| 全球创新指数（即创新投入次级指数与创新产出次级指数的平均值） | 创新投入 | 制度 | 政治环境 |
| | | | 监管环境 |
| | | | 商业环境 |
| | | 人力资本和研究 | 教育 |
| | | | 高等教育 |
| | | | 研究和开发 |
| | | 基础设施 | 信息通信技术 |
| | | | 普通基础设施 |
| | | | 生态可持续性 |
| | | 市场成熟度 | 信贷 |
| | | | 投资 |
| | | | 贸易、竞争和市场规模 |
| | | 商业成熟度 | 知识型工人 |
| | | | 创新关联 |
| | | | 知识的吸收 |
| | 创新产出 | 知识和技术产出 | 知识的创造 |
| | | | 知识的影响 |
| | | | 知识的传播 |
| | | 创意产出 | 无形资产 |
| | | | 创意产品和服务 |
| | | | 网络创意 |

## 二、创业环境指数

### （一）GEM 指数

GEM（Global Entrepreneurship Monitor，即全球创业观察），是一个旨在每年评估全球创业状况的国际性研究项目，其研究对象是影响创业活动的各种环境因素，以及创业与经济增长的关系。GEM 报告包含三个层次的环境要素：基础要求要素、效率提升要素和创新创业要素。其中，前两个是比较普遍的环境要素，而创新创业要素就是创业环境指数，其包含了影响创业活动的 9 个重要因素：创业融资、政府政策、政府支持创业的项目、在校生创业教育、研发技术转移、商业化和法律等专业服务、市场活力、硬件基础设施、文化和社会规范。

### （二）EDBI 指数

EDBI（Ease of Doing Business Index，即经商环境便利指数），来自于世界银行每年发布的全球经商环境报告。该报告使用多个指标衡量每个经济体对中小企业的监管法规，并跟踪法规变化情况。报告主要对两方面加以衡量：一是关于商业监管所涉法律制度的保障程度，二是关于监管程序的复杂性和成本。其衡量指标覆盖了企业生命周期的 10 个领域：开办企业、办理施工许可、获得电力、登记财产、获得信贷、保护投资者、交税、跨境贸易、执行合同和办理破产。

### （三）GEDI 指数

GEDI（Global Entrepreneurship and Development Index，即全球创业与发展指数），主要评估地区对高效率创业的支持程度，从而更全面地了解地区发展中促进企业成立和发展壮大的环境特征。GEMI 数据是在 GEM 指数基础上发展起来的，可视为 GEM 指数的一个延伸，其指标体系包含创业态度、创业能力、创业愿景 3 个次级指数，14 个支柱共 28 个变量、49 项指标。

表 6-4　全球创业与发展指数的结构

| 次级指数 | 支柱 | 具体内容 |
| --- | --- | --- |
| 态度 | 机会感知 | 机会；自由和财产 |
| | 创业技术 | 技术；教育 |
| | 风险感知 | 风险承受；国家风险水平 |
| | 社会联络 | 认识其他创业者；城市化水平与基础设施水平 |
| | 文化支撑 | 社会尊重；贪污感知指数（清廉指数） |
| 能力 | 机会创业 | 机会驱动；税收水平 |
| | 技术吸收 | 企业技术吸收能力；技术创业占比 |
| | 人力资本 | 中等教育以上水平；劳动力的自由度与培训 |
| | 竞争 | 差异化竞争；规制水平与市场主导力 |
| 期望 | 产品创新 | 新产品；技术转移 |
| | 工艺创新 | 新技术使用 |
| | 高速成长 | 风险资本可得性；企业策略；瞪羚企业 |
| | 国际化 | 出口水平；经济复杂度 |
| | 风险资本 | 创业企业中的非正式投资；资本市场深度 |

GEMI 数据综合了环境与个体数据，分析更加细致。GEMI 指数的次级指数通过个体变量和制度变量来获取创业企业的环境特征。第一，创业态度被定义为一国人口对企业家、创业和创业公司的总体倾向，该指数包含大众对机会的潜在感知、所感知到的创业技能、对于失败的恐惧、网络前景以及对创业公司的人文尊敬。第二，创业能力是在竞争环境下的商业机遇面前，由受过教育的企业家在媒介和高科技环节所激发出来的，该指数折射出一种信念，即机会型企业家准备得更好、掌握的技能更高，比需求型企业家挣得更多。

第三，创业愿景被定义为初创期企业为推介新产品和服务、发展新工序、渗透国外市场，进而大幅增加公司的雇员数量，通过标准或非标准的风险资本为企业融资等做出的一系列努力，该指数包括产品和过程创新、国际化以及高增长等。GEMI 指数的 49 项具体指标囊括了地区发展体系中促进 3 个次级指数最主要的制度因素和个人因素，进而预测地区创业潜能。

## 三、创业活动指数

### （一）TEA 指数

TEA（Total Early-Stage Entrepreneurial Activity，即全员早期创业活动）指数，是 GEM 报告中开发出来的一个创业活动指数，其主要评估 18—64 岁劳动力中参与创业人数的百分比，创业人员包含正在创业和三年半之内已经进行创业的人员。TEA 指数将创业类型划分为机会型创业和生存型创业两种，但 TEA 指数存在一定缺陷，即仅反映个人早期创业活动，并不能代表创业活动的全部状况。

### （二）KIEA 指数

KIEA（Kauffman Index of Entrepreneurial Activity，即考夫曼创业活动）指数，由考夫曼基金会创立，是美国最具影响力的新创企业指数。考夫曼指数系列包含创业活动、商业街企业、企业增长率等 3 三项深度研究，考夫曼基金会从 1996 年起开始发布美国年度创业活动指数。该指数覆盖国家、州、大都市三个层级，是美国企业创立初期的指示器，是测量美国大范围创业活动的新指标。

考夫曼创业活动指数是衡量美国商业创新的综合指标，是美国新生企业的早期指标，该指数在企业成立的第一个月检测新生的企业家，在第一年检测新生的雇主业务，并提供全国新创企业发展的最早记录。该指数把相关企业实时信息中的一些高质量资源整合成一个创业活动复合指标，检测所有行业的商业活动，其计算的原始数据基于全国每年超过 250 万数量的代表性样本观测值和美国所有雇主商业领域，覆盖全国 500 万家公司。通过考夫曼创业活动指数既可观测企业家行为，也可观测企业家创业活动。该指数聚焦于新兴商业创造、市场机会和创业密度，并借助于以下 3 个组成部分来测量新开创企业的创业活动。

一是新开创企业比率。测算经济体中新企业的比例，计算方式为指定月份成年人转变为企业主的百分比，这些企业主既包括股份有限公司的企业主，也包括非股份有限公司的企业主，雇佣员工和不雇佣员工的企业主都包括在内。

二是新开创企业机会共享。衡量新开创企业机会共享的比率，即相对于需求型企业而言，主要由机会驱动的新企业所占比例，测算来自失业者的新企业家与本身以前有工作和薪水的新企业家比例。相对于机会型创业而言，在失业状态下开创企业的个人可能更倾向于开创需求型业务。

三是创业密度。测量一个地区新雇主商业的数量，即经济体中雇佣员工的新开创企业数量。这些雇主商业被定义为至少雇佣一个工作不满一年员工的雇主公司，这比非雇主商业拥有更高的潜在增长性。此处统计的企业比新开创企业比率所测算的那些企业拥有更高的地位。

以上 3 个针对新生商业的差异化指标组合提供了研究国家创业活动的广阔视野。考夫曼创业活动指数的计算数据来源于美国人口普查局商业动态统计中心，应用美国每月的当前人口调查（Current Population Survey，简称 CPS）数据，计算非企业主人成人中新创办企业的人口比例。

（三）**WBGES 指数**

WBGES（World Bank Group Entrepreneurship Survey，即世界银行创业调查），是世界银行的一个全球性项目，该指数测度正规经济部门中新注册公司与总注册公司的比值及每千个劳动力（15—64 岁）拥有的新注册公司数量，数据主要来源于该地区公司注册登记部门。WBGES 指数能够提供世界范围内跨地区的创业趋势，并可以和其他的创业环境指数相结合，助力分析创业环境与创业活动的关联。

# 第七章

# 营造良好的创新创业生态

近年来，我国形成了“大众创业万众创新”的新热潮，涌现出一批全球性的创新创业高地。这与我国初步形成了各具特色、富有活力的创新创业生态密切相关，良好的创新创业生态有力支撑了创新创业在高起点上持续繁荣。

## 第一节　创新创业繁荣的关键在于良好的生态系统

从硅谷、纽约和波士顿到斯德哥尔摩，从伦敦到特拉维夫和首尔，创新创业高地总能吸引世人目光。因为它们不仅是创新创业资源的富集地，还是区域创新发展的牵引极，更是所在国创新驱动力的发源地。与庞大的研发投入和专利申请数量相比，这些自发或半自发形成的高地更能体现创新创业促进经济发展的成效。因此，创新创业高地成为观察一国创新驱动发展水平的透视镜、反映一国创新创业发展趋势的风向标。形成上述全球性创新创业高地的背后支撑是独具特色的创新创业生态系统。国内外大量的实践和研究表明，制度重于技术，环境高于投入。人才、技术、资金等要素是可以流动的，一个国家、一个地区的创新创业成效关键在于是否具有适宜创新创业的生态系统。

以硅谷为例，硅谷成功的关键是具有良好的创新创业生态，包括强大的科学基础、强烈的创新和企业家精神、创业融资较为容易获得、易于招到合适的人才和团队等，这些是硅谷创新能够持续保持活力的核心所在。我国深圳也是这方面的典型案例。如果从传统的创新创业理论考察，深圳的地方科技教育基础比较薄弱，不可能出现大的创新，但却涌现出华为、中兴等一批世界级的创业企业，同时不停地冒出一批新企业。在深圳，只要国际上出现的“新东西”，就在深圳“诞生”“成长”，如华大基因、比亚迪、深圳迈瑞、腾讯等。其中一个重要原因就是深圳具有良好的创新创业环境，集聚了国内外的创业者和技术、资金等资源。对中关村地区创新创业的研究表明，创业者选择中关村地区主要是因为该地区创业氛围浓厚，只要有好的创意，能够比较容易找到合适的人才和团队。这个地区拥有联想、百度、新浪、小米等一批创业型大企业和一批成功创业者，逐渐成为后来创业者的母体和导师，形成了“联想系”“百度系”“新浪系”等创业群落。中关村创业服务体系比较完备，拥有车库咖啡、36 氪、联想之星、创新工场、创客空间、天使汇、3W 咖啡等一批孵化器，创业投资比较发达，集聚了全国近 1/3 的天使投资和创业投资。北京还是全国的政治、文化、对外交往与科技创新中心，拥有全国最高端的教育、医院、文化等资源，对创业者具有很强的吸引力。

## 第二节　创新创业生态的理论来源

在我国提出“双创”理论之前，国内外学者对创新生态系统与创业生态系统的研究是相对独立的。

创新生态系统的理论基础最早可追溯到纳尔逊（Nelson）和温特（Winter）的演化经济学，他们用种群、基因、变异等一系列生物学的隐喻对创新进行分析，提出与新古典经济学不同的观点。新古典经济学认为，创新是按照“利润最大化”原则进行最优决策并独立于制度环境，强调创新的累积性质。而演化经济学认为，创新有时并非按最优原则决策，具有明显路径依赖倾向，并存在结构性突变等现象。创新生态系统由创新体系演变而来，早期的创新体系主要探讨创新在不同主体之间的网络合作关系①，而创新生态系统则表现出创新过程中各主体更趋生态化的共生关系（见图 7-1 和表 7-1）。

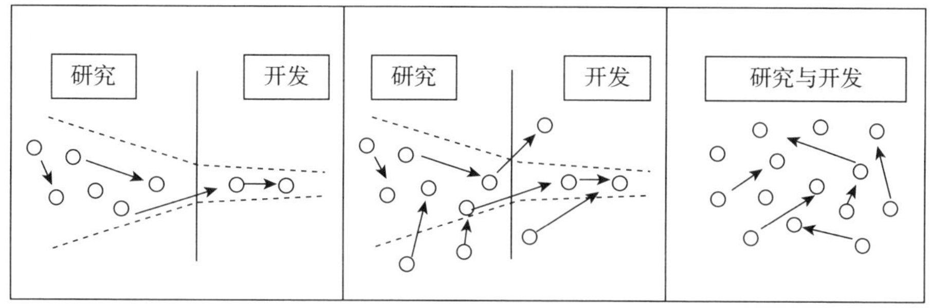


**图 7-1 创新过程更趋生态化**

资料来源：左图与中间图来自 Chesbrough（2003），右图参考已有文献绘制。

**表 7-1 国家创新体系与创新生态系统的对比**

| 主要维度 | 国家创新体系 | 创新生态系统 |
| --- | --- | --- |
| 出现时间 | 1987 | 2004 |
| 方法论 | 系统论、工程学 | 系统论、生态学 |
| 运行方式 | 侧重子系统、对接 | 侧重演化、嵌入 |
| 主体/要素② | 强调主体，如企业、高校、科研机构、中介组织、政府 | 强调要素，如资本要素、制度要素、技术人才、用户资源 |
| 主体关系 | 合作 | 共生 |
| 核心导向 | 破坏性技术或产品 | 以人为本，服务用户 |
| 政府功能 | 提供研发投入、税收优惠、知识产权等框架性政策 | 强调政府、市场与社会的多轮驱动，突出创新治理等议题 |

资料来源：参考已有文献整理。

① 例如 Freeman（1987）、Lundvall（1992）、Nelson（1993）、OECD（1997）、Edquist（2005）等。随着生态概念被引入国家创新体系，国家创新生态的概念也开始逐渐为学界接受。

② 与国家创新体系相比，创新生态系统更强调要素。例如，2015《美国创新战略》指出，美国创新生态系统的基础是指那些联邦投资为创新过程提供了基础投入的领域。

美国是最早将生态学运用到国家创新体系政策中的国家之一。2004 年，美国竞争力委员会和总统科技顾问委员会（PCAST）发布《创新美国：在挑战和变革的世界中实现繁荣》《构建国家创新生态系统：信息技术制造业和竞争力》以及《维持国家创新生态系统：保持科技竞争力》等报告，提出“创新生态系统”概念，明确指出一个强大的创新生态系统是美国保持经济繁荣和全球经济领导地位的关键。在 2015 年发表的《美国创新战略》报告中进一步指出，随着创新过程更趋开放、创业门槛不断降低，美国需要依靠私营部门和大众，通过加速再工业化、鼓励大众创新完善创新生态系统。近年来，中国也越来越重视创新生态系统，从加大投入、改善环境、重塑机制等多维度改善创新生态系统的治理。

## 中国的创新生态系统

《中国创新生态系统报告》由世界经济论坛中国理事会与清华大学、斯坦福大学合作而成。《报告》显示中国的创新生态系统治理正在从研发项目的中央管理系统转变为科技发展的宏观协调系统。2015 年中国研发支出占国内生产总值的 2.1%，占世界各国研发总支出的 20%，位列全球第二，相当于欧盟国家的平均水平。科技创新对促进产业结构升级发挥了重要作用，尤其是交通、能源、工业制造、信息工程、现代服务业等产业，如中国已建成 7 条特高压输电线路，是世界唯一拥有此类技术的国家；企业作为技术创新主体的地位近年来不断加强，例如华为研发支出占营业收入比重超过 10%，从而使该公司在 4G 技术等领域居世界首位；从区域创新能力看，高科技园区、创新示范区发展迅猛，总量已超 130 个，研发投入占全国企业的近 40%、新产品销售收入占全国的 32.8%。

中国的创新生态系统仍面临挑战，自主创新能力较发达国家存在差距。主要问题在于核心技术落后、企业创新激励机制不够、用人机制不完善、知识产权执法力度不足。对此，《报告》提出四点建议：营造实施创新驱动战略的生态环境；强化企业技术创新的主体地位；完善创新人才的使用培养机制；有效保护知识产权。

资料来源：世界经济论坛中国理事会：《中国的创新生态系统报告》，2016 年 8 月。

从已有文献来看，“创业生态系统”概念的正式提出相对较晚①。学者对创业生态系统研究主要基于组织生态学的分支——创业生态学。组织生态学是 20 世纪 70 年代以后社会学发展起来的一种新的组织理论，主要运用生态学的概念、模型、理论和方法对组织结构及其所受环境的影响进行研究，其中，创业生态学以创业活动的产生、发展、消亡等现象为研究对象，更加关注初创企业的培育。关于创业生态系统，国内外学者有五个代表性定义：其一，是为能使动机、传统各异，规模、影响力不同的私营部门、社会主体协同发展、共同创造社会财富的一个具有共生关系的生态体系②。其二，是特定区域内相互作用的主体形成的群落，通过支持和促进新企业的创建和成长来实现可持续发展，创造社会和经济价值③。其三，是创业者拥有人力资源所需资金和专家资源，并且处于一个得到政府的

① 学界的一种说法认为，这一概念的正式提出可能是由 Dunn 于 2005 年完成的，但当时他仅关注基于大学的创业生态系统，并未给出清晰的界定。国家创业系统这一概念则出现得更晚，由 Acs、Autio 和 Szerb 于 2014 年在 *Research Policy* 的文章《National System of Entrepreneurship：Measurement Issues and Policy Implications》中首次提出。

② Prahalad，C. K. *The Fortune at the Bottom of the Pyramid：Eradicating Poverty through Profits*. Saddle River，NJ：Wharton School Publishing/Pearson，2005.

③ Cohen，B. “Sustainable Valley Entrepreneurial Ecosystem”. *Business Strategy and the Environment*，2006（1），pp. 7-14.

政策鼓励和保护的环境①。其四，是一个地理区域内的交互群落，由多种互相依赖的创业主体和环境要素（市场、监管体系等）构成并随着时间而演化，主体和环境共存并相互作用来促进新企业建立的系统②。其五，是新创企业及其赖以存在和发展的创业生态环境所构成的，彼此依存、相互影响、共同发展的动态平衡系统③。

《全球创业观察（2015/2016）》将创业生态系统定义为“一系列要素的组合所形成的有利于创业活动发生的环境。这些要素条件包括融资、政策支持、税负水平、政府制定的创业计划、学校阶段创业教育、在职创业教育、技术转移、商务支持和专业化的基础设施、国内市场活力、创业文化等”。《中关村创业生态系统研究》课题组认为，创业生态系统是“由新创企业及其赖以存在和发展的创业生态环境所构成的，彼此依存、相互影响、共同发展的动态平衡系统”(2015)。由此可见，创业生态系统是一个由多种创业环境要素和创业主体共同构成的有机生态体系，具有动态性、多样性、整体性、平衡性等特征。生态中的每一个元素对创业都非常有利，只有将这些元素集成到一个整体系统中，才会最终提高企业的创建和成长。

关于创业生态系统最关键的基本要素，有三种代表性说法：一是非正式社会网络和正式社会网络中的大学、政府、专业支撑服务、资本资源、人才储备、大公司，以及基础设施和文化。二是具备竞争优势的核心能力（如中国的制造业、硅谷的高科技和软件、印度

① Isenberg, D. J. “How to Start an Entrepreneurial Revolution”. *Harvard Business Review*, 2010(6): 40-50.

② Vogel, P. “The Employment Outlook for Youth: Building Entrepreneurship Ecosystems as a Way Forward”. *Conference Proceedings of the G20 Youth Forum*, 2013.

③ 林嵩:《创业生态系统：概念发展与运行机制》,《中央财经大学学报》2011年第4期。

的BPO业务流程外包）与支撑结构（金融、物流、技术、市场、组织资本、人力资本和市场）①。三是促进创业的政策和领导、对风险投资有利的市场、高素质的人力资本、制度和基础设施体系的支撑、适宜的融资条件和有益的文化六个方面②。综上所述，政策、融资、基础设施、市场、人力资本、研发创新、文化、社会支持等都是创业生态系统的重要因素，在有关评价报告中均被涵盖③（见表7-2）。

**表7-2 部分机构对创业生态系统的评价维度**

| 具体维度 | 百森 | 竞争力委员会 | 全球创业发展指数 | OECD | 世界银行 | 世界经济论坛 | 全球创业观察 |
|---|---|---|---|---|---|---|---|
| 政策 | √ | √ | √ | √ | √ | √ | √ |
| 融资 | √ | √ | √ | √ | | √ | √ |
| 基础设施 | √ | √ | | √ | √ | √ | √ |
| 市场 | √ | | √ | √ | | | √ |
| 人力资本 | √ | √ | √ | √ | | √ | √ |
| 研发、创新 | √ | √ | √ | √ | | | √ |
| 文化 | √ | √ | √ | √ | | √ | √ |
| 社会支持 | √ | √ | √ | √ | | √ | √ |
| 生活质量 | | √ | | | | | |
| 宏观经济环境 | | | | √ | | | |

资料来源：根据孟丽、唐晓婷（2015）以及有关报告整理。

① Bernardez, M., Mead, M. "The Power of Entrepreneurial Ecosystems: Extracting Booms from Busts", *PII Review*, 2009（2）, pp. 12-45.

② Isenberg D. J. "The Entrepreneurship Ecosystem Strategy as a New Paradigm for Economic Policy: Principles for Cultivating Entrepreneurship". *Presentation at the Institute of International and European Affairs*, 2011.

③ 例如，GEM定义的创业生态系统框架包括融资渠道、政府政策、政府创业规划、创业教育、研发转移、商业和法律基础、市场开放性、物理基础设施以及文化和社会规范。这也是目前全球公认的创业生态评价模型之一。

### 欧洲国家创业记分牌

2013年，8家互联网创业公司的创始人联合起草了《创业宣言》(Startup Manifesto)，旨在激励欧盟国家改进政策框架，发展适合创业者的生态系统。目前，已经有超过8000人签署宣言，演变为跨欧洲国家的联合行动。2016年3月，欧洲数字论坛推出《2016欧洲创业国家记分牌》，通过政策追的方法对《创业宣言》在欧洲各国实施情况进行评估。

在《创业宣言》的基础上，将宣言中的22个政策建议分解成6项政策核心内容，分别是技术与教育、融资渠道、思想引导力、引进人才、数据政策和保护隐私、制度框架，形成《2016欧洲创业国家记分牌》的六大支柱。团队还将这22个建议转化成确切的“是”或“不是”指标，观察和跟踪指标的具体实施。随后建立了“专家”网络，主动采集数据和评估国家的政策改革情况，这个排名可以监测28个欧盟成员国的创业大环境。

资料来源：根据网站资料整理，见 http://www.europeandigitalforum.eu/startup-manifest-policy-tracker/。

## 第三节　创新创业生态系统的分析框架

在创新创业生态系统中，创业与创新之间相互作用、密切联系。其中，创新是“双创”的核心和基础，以创新的技术、理念与管理方式为基础的创业，可以使创业者的产品或服务具有先进性、独特性，为创业者顺利创业、成功创业创造条件。创业是“双创”发展的动力，是创新价值的实现方式，以创业为实现形式的创新，可以使创业更具有市场竞争力，催生出更多的创新活动，确保创业者的技术优势，提升创业的可持续性。

“双创”生态系统本质上是在“大众创业万众创新”大背景下，有利于创业和创新协同共生的动态平衡系统，可以使用“创新创业生态系统=机构与要素+结构+机制+环境”的四位一体分析框架进行分析（见图7-2）。其中，“创新创业要素和机构”包括大学、科研机构、企业等机构和劳动力、技术、资金等资源；“结构”指这些要素和机构是按照什么比例进行配置的，不同的组合决定了系统的运行效率；“机制”主要是指这些要素和机构的运行机制，包括协调机

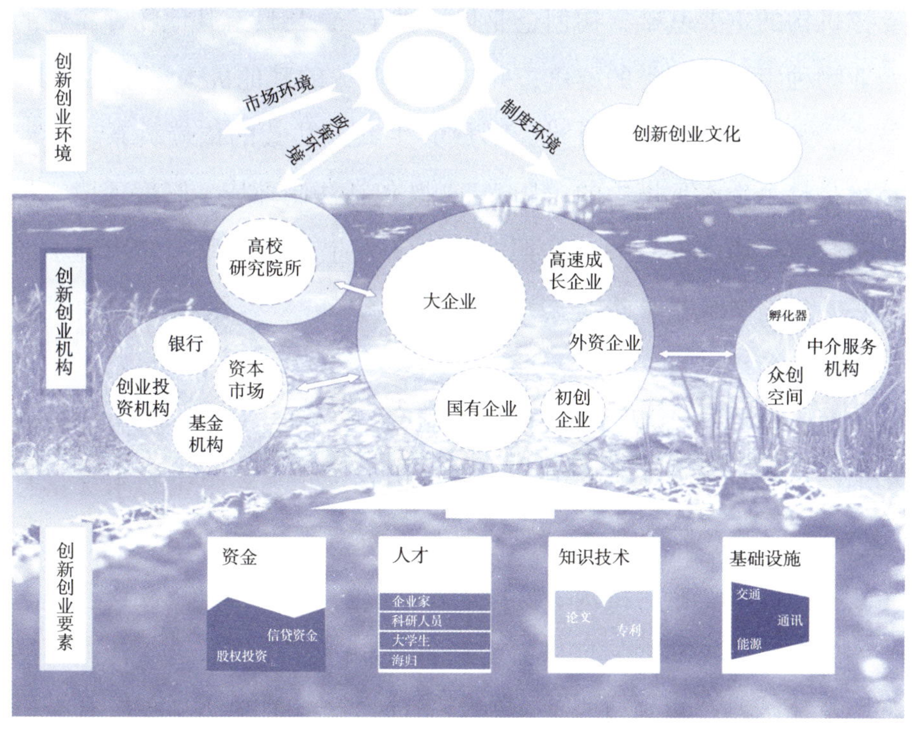


**图7-2 “双创”生态系统示意图**

资料来源：课题组绘制。

制、动力机制等，决定了创新创业要素资源能否有效配置和有序流动；“环境”主要包括营商环境和创新文化，其中营商环境包括公平竞争的市场环境和法制环境、政策环境、创业服务环境等。

这一理论分析框架具有三个突出特点：

一是形象地与现实中的生态环境系统相对应，生动说明“双创”生态系统中的基本构成。“双创”生态系统不是支持创业与创新要素的简单堆砌，而是从生物学的隐喻中归纳出的具有生态特征的系统。图 7-2 中所示的机构与要素、机构与要素的结构、协同机制与环境四项部分都可以与生物学中的生态环境进行对应。例如，资金、人才、知识技术与基础设施是整个生态环境中的“土壤”，这些要素是支撑机构的重要基础。初创企业是“种子”，与具有其他物种属性的企业物种组成不同类的群落，并与“地上”的其他机构主体在知识、技术、人才等方面产生互动，形成共生共存共荣的依赖关系。营商环境是整个生态环境中的“阳光”，既包括法制环境、制度环境，也包括政策环境，充足的“光照”有利于发生光合作用，加快种子的生长。创新文化是整个生态环境中的“空气”，弥漫在“双创”生态的每个角落。

二是突出了结构在“双创”生态系统中的重要性，提出要素机构的结构影响生态系统机制与环境的内在逻辑。整个生态系统具有四位一体特性，但结构维度具有特殊意义。在以往的模型中，通常主要关注的是要素与机构等支持创新创业的重要“构件”，以及整个生态的维持、循环和发展依靠的动力机制、协调机制。这种思路的优势是便于对比找到要素或机制方面的短板，但劣势是难以有效解释为何不同“双创”生态系统呈现出各不相同的创新文化，以及其动力机制的差异及背后的形成原因。更为重要的是，结构反映出的是不同要素或机构内部或之间的配比关系，而不仅仅是绝对数量，这意味着“双创”生态系统中不同要素的集聚不仅要在量上达到一定门槛，也需要注意不同要素与机构中的比例协调。事实表明，结构不仅影响生态系统机制，还会塑造生态系统的环境。如果比例结构不合理，不仅会影响生态系统机制的效率，形成不利于创新创业的文化环境，还会进一步固化不合理的要素与机构结构。

三是在吸收已有创新创业生态研究成果基础上融入当下元素，体现“大众创业万众创新”的时代特征和中国国情。“双创”生态系统吸收了“海归”“大学生”等人才要素，纳入了政府引导基金、国有企业、众创空间等相关机构，符合当下中国创业群体、有关机构的主要特点，契合“双创”突出强调创业的草根性、民间性和创新的广泛性、普遍性的时代特征。以“海归创业”为例，作为当前中国创新创业浪潮中的重要力量，这类创业不仅聚焦于高科技领域，还因其通常依托全球创新创业资源，具有较高的成功率。在移民制度尚不完善的情况下，继续发挥“海归”的专业知识优势和资源融通优势，可以有效提升我国配置全球创新创业资源的能力。在创业投资方面，我国正处于快速发展阶段，创投机构数量和管理资本具有相当规模但国际化、市场化运作能力还有待提升，风险防控等制度安排和机制设计还有待完善，此外，在部分地区和行业仍然需要大规模的政府引导基金介入，以此弥补部分市场失灵，并激发带动创业投资行业健康成长。这些特征是“双创”生态系统中国化的表现，符合中国的现实情况和实际需要。

从上述分析框架来看，要打造一个富有活力的“双创”生态系统，应该让生态系统拥有强大的资源基础、合理的要素与机构配比结构、运行高效的协同机制以及有利于创新创业的外部环境。具体而言，一个充满活力的创新创业生态系统不仅需要强大的科学技术研究基础能力，而且还要有合适的“联系组织”（connective tissue），把研究机构、创业者、现有企业和投资者有效联系起来，形成统一整体，产生协同效应，从而表现出单个创业种群不具备的功能和作用。要具备“多样性”特征，包括系统组成、功能和生态环境的多样性，以及生物群落的多样化等多个方面。要具备“动态性”（或流动性）特征，不仅要使系统内人才、技术、资金可以顺畅地流动，同时不断与系统外部进行要素和信息的交换，使企业能够“有生有死”、能进能出，实现优胜劣汰。此外，还要具备“相对稳定性”“自组织性”等特征。

在创新创业生态系统中，最关键的是创业企业，它是创业活动的直接行为主体，是创新的“发动机”。现有大企业特别是创业型大企业的作用也十分重要，它不仅可以通过收购兼并等方式把创新成果快速推向市场，而且往往是新创企业的摇篮和“黄埔军校”，是创业者的“榜样”。大学和科研机构是人才和技术的生产者，为创业企业提供劳动力，提供可以商业化的科研成果，以及相应的技术服务。绝大多数初创企业主要依靠债权和股权融资，因此，建立一个健康、竞争性的金融系统（包括风险投资机构、股票市场等），保证创业企业能够获得它们发展所需的资金是非常重要的。中介服务组织，包括人才市场、技术市场、法律服务、管理服务等机构，是联系和沟通大学、科研机构、企业和政府的“桥梁”和“纽带”，对促进创新创业具有重要作用。

政府是创新创业活动的有力促进者，在基础研究、人才培养、规则制定等方面具有不可替代的“基础性”作用。一个完善的创新创业系统不仅需要创业者的冒险和创新精神，以及企业将创新成果实现产业化的能力，而且还需要有坚实的创新“基石”，包括基础研究、人才培养等，这些都是政府投资形成的。而且，政府投资建设的基础设施对创新创业活动的顺利开展也是十分重要的。此外，政府制定合适的政策和法规对促进创新创业是必需的，包括保护知识产权的法规，强化反垄断的法规，支持新兴技术的商业化初始应用，使初创企业和快速成长企业更容易融资等。尽管政府在创新创业系统中发挥的制定“道路规则”和投资“建筑部件”的作用相比创业企业来讲很少被人看见，但它对创新和经济的长远健康发展是非常关键的。

## 第四节　我国创新创业生态系统的现状分析

我国人力资源丰富，国内市场规模和发展潜力巨大，产业体系基础雄厚、配套较为完善，这是我国创新创业系统的主要“长板”与优势。然而，我国创新创业生态系统也存在一些不足和“短板”。据《全球创业观察（2015/2016）》报告，在构成“创业生态”的12 大要素和指标中，我国排位最低的是“营商法制环境”，分值为4. 34，排在参与调查的 62 个国家中的第 51 位，其他排位比较低的指标依次是“学校阶段创业教育”，分值 2. 59，排在第 43 位；“政府创业计划支持”，排在第 28 位；“创业文化”和“市场准入限制”两项指标，排在第 23 位；“税负水平”和“技术转移”两项指标，排在第 21 位（见图 7-3）。我国创新创业最具优势的要素分别是“国内市场规模和活力”，排在全球第 2 位；“政府政策支持”，排在第3 位。

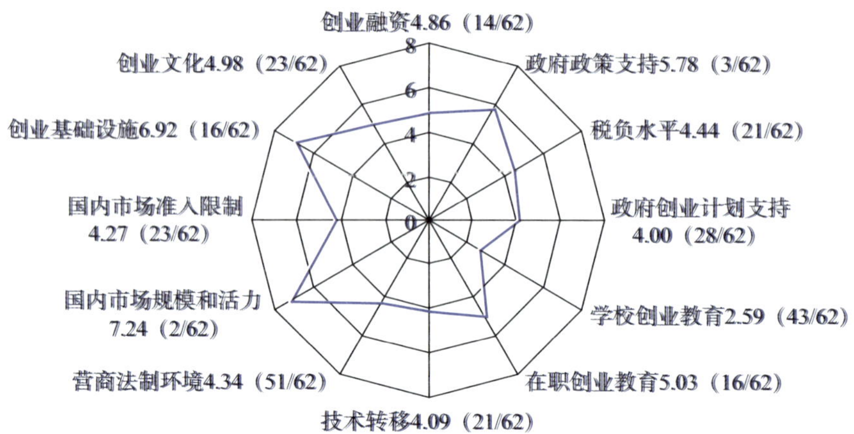


图 7-3 《全球创业观察（2015/2016）》对中国创业生态的评价

首先，从结构维度看，主要是创业教育不足，人才、技术、资金等对创新创业的支撑不够。虽然我国人力资源丰富，但人才培养与创新创业需求脱节。问卷调查显示，制约我国万众创新的突出因素是“学校教育很死板，不能培养创新思维”（见图 7-4）。企业也普遍反映，要招到合适的人才难。另外，虽然我国每年有许多科研成果，专利数量已居世界第一，但具备商业化价值的发明不多，重大成果更少。虽然我国资金供给相对充裕，但金融与实体经济脱节，

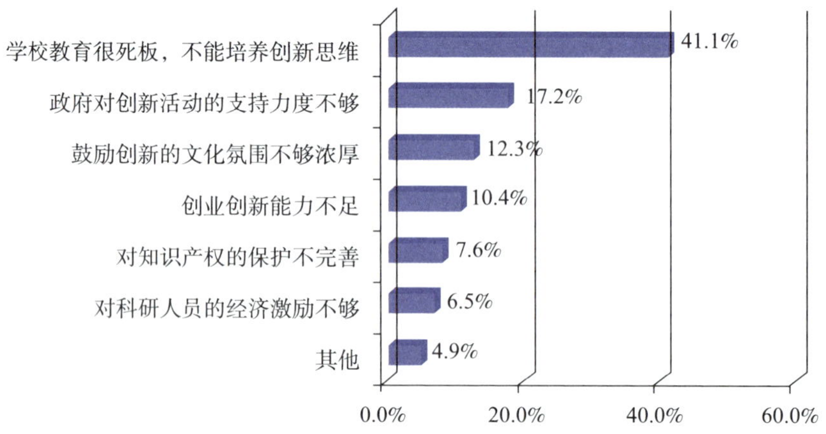


图 7-4 受访者对制约我国“大众创业万众创新”的最大因素的看法

初创企业融资难、融资成本高的问题十分突出。

从机制维度看，主要是创新主体之间的互动性、创新链与产业链之间的衔接性不完善，缺乏有效的联动发展机制。例如，中关村地区是我国高等院校和科研机构最为密集的地区，每年投入的研发资金超过1000亿元，但对中关村创业者的调查显示，只有21.43%的创业项目与高校有合作。国家知识产权局的调查结果也证明了这一点。据调查，2014年我国高校专利许可率为2.1%，专利转让率为1.5%；科研单位专利许可率为5.9%，专利转让率为3.5%。

从环境维度看，主要是市场准入与监管、知识产权保护等软环境不完善。目前，从中央政府到地方政府，相对比较重视创新创业的物理基础设施建设，如各地纷纷都在建设各种形式的创新中心、众创空间等，但在体制机制改革、法制环境等软环境建设上不够。一是现行监管方式严重不适应“双创”与新技术、新产品、新业态和新模式发展要求。例如，目前从事在线教育培训的企业由于没有“物理场地”拿不到执照。又如，大家普遍认为，目前医药审批程序已有巨大进步，体现了政府对新药研发创新的鼓励，有利于提高药品质量，减少重复投资，但企业若要获得注册还是非常困难。企业反映，目前搞生物医药创新面临的最大风险是“政策风险”(政策缺乏连续性)。如对“细胞治疗”目前没有明确的政策，国内从事“细胞治疗”的企业不知道到哪里买“门票”，而美国FDA专门有个“细胞治疗”评估小组。一家回国留学生创办的企业反映，花了两年多时间完成的动物试验，仅仅是买到了“门票”，后面还要进行临床1期、2期、3期和批量生产，每走一步挑战越大。在资本市场方面，目前IPO排队很长，“新三板”流动性不够，资金脱实向虚、企业融资难、融资贵的问题仍很突出。二是一些政策落实还不到位，政策体系还不健全。目前虽然颁布了新修订的《科技成果转化法》，但由于高校的人才评价和职称评定制度仍未根本改变论文和科研项目导向，成果转化收入奖励、股权激励政策在操作中还面临国有股份处置等一些难题，导致该项政策在一些科研机构和高校难以落地。一些研发型创业企业按现行规定不能被认定为高新技术企业，难以享受有关优惠政策。目前创业投资机构要交25%企业税和20%个人所得税，企业税负较重等。三是市场环境还不完善。侵权易、维权难的问题没有根本解决，信用体系还不健全，保护数据安全、隐私等方面的法律法规缺失。市场竞争秩序不健全，同质化竞争多等。

## 第五节　北京中关村的创新创业生态：与硅谷的比较

中关村的发展史就是我国奋力打造“中国硅谷”的历史。早在计划经济时期，我国就开始在中关村大量布局科技创新资源，着力打造“中国的硅谷”。经过三十多年的培育，中关村已经成为我国数一数二的创新创业中心，中关村的“双创”生态无疑处于国内领先水平。即便从全球范围来看，北京也在部分排行榜上占有一席之地。专注于早期项目的孵化器 SparkLabs 在 2015 年和 2016 年相继发布全球十大顶尖创业生态系统，北京中关村不仅均有上榜，而且在排名上还有攀升的趋势。尽管如此，北京中关村仍与全球代表性的创新创业中心存在差距。

### 中关村位列全球十大顶尖创业生态系统

著名的韩国孵化器 SparkLabs 自 2015 年开始发布全球创业生态

系统的排行榜。评价包括融资和退出、工程技术人才、创业服务、技术基础设施、创业文化、法律和政策环境、经济条件、政府政策和项目八个维度。2015 年，北京位列第八位，位于美国硅谷、瑞典斯德哥尔摩、以色列特拉维夫、美国纽约、韩国首尔、美国波士顿、美国洛杉矶之后，位于英国伦敦和德国柏林之前。2016 年，该企业再次更新榜单，北京跃升至第六位，继续位于美国硅谷、瑞典斯德哥尔摩、以色列特拉维夫、美国纽约、美国洛杉矶之后，但引人关注的是，超过了韩国首尔和美国波士顿。北京位次上升的主要原因来自独角兽企业数量和成功退出案例的增加，同时，不断优化的政策支持环境和对人工智能领域的投资也是重要原因。

资料来源：根据网站资料整理，见 http://venturebeat.com/2016/11/05/top-10-startup-ecosystems-in-the-world-2016/。

## 一、机构要素维度：要素质量与机构功能偏低偏弱

对标硅谷，中关村“双创”生态系统的要素质量与机构功能偏低偏弱，具体表现在世界一流大学、优秀投资人相对偏少以及企业创新层次较低和能力不强，导致中关村在知识生产、人力资本、创投发展、辐射带动等方面存在比较劣势。

中关村仍缺乏与硅谷相媲美的世界一流大学，难以形成强大和领先的“知识技术池”。调研发现，大学是硅谷创新创业的重要源头。以斯坦福大学、加州大学伯克利分校为代表的一个具有多元化特征的世界一流大学群为硅谷的企业提供源源不断的前沿知识。庞大的学术精英群体使硅谷具有令人难以望其项背的独特知识生产优势。尽管中关村也拥有中国最好的科研资源，但总体上难以与硅谷

相媲美。由于缺少强大和领先的“知识技术池”，中关村和硅谷在科技创新实力上存在较大差距①。

中关村的创业企业数量已经远远超过硅谷，但创新层次相对偏低，企业科技创新能力和全球影响力亟待加强。从增量看，中关村创业企业数量超过硅谷与湾区。从更广的范围来看，主要创新创业生态圈中的创业企业数量硅谷与湾区均大幅低于中关村（见表7-3）。但从企业创新的层次和全球影响力来看，中关村企业则明显偏弱。脱胎于互联网经济的中关村，有很多的商业模式创新、用户体验创新，但整体上在高科技领域跟踪模仿较多，真正科技创新相对偏少、影响力偏弱。

**表7-3　部分代表性创新创业生态圈创业企业数量与密度比较**

| 创业生态圈 | 创业企业数 | 创业密度 |
| --- | --- | --- |
| 硅谷与湾区 | 14000—19000 | 1. 8—2. 5 |
| 纽约 | 7100—9600 | 0. 35—0. 5 |
| 特拉维夫 | 3100—4200 | 0. 85—1. 15 |
| 伦敦东区 | 3200—5400 | 0. 25—0. 4 |
| 柏林 | 1800—3000 | 0. 35—0. 6 |
| 巴黎 | 2400—3200 | 0. 2—0. 25 |
| 班加罗尔 | 3100—4900 | 0. 35—0. 6 |
| 新加坡 | 2400—3600 | 0. 45—0. 65 |
| 圣保罗 | 1500—2700 | 0. 05—0. 15 |

资料来源：The Global Startup Ecosystem Ranking 2015。

中关村创业资本规模增长快速，但缺乏优秀专业投资人及投资机构的问题越来越突出。近年来，中关村吸引了一大批天使投资、

① 一种形象的说法认为，硅谷更像是全球科技创新的发动机，而中关村则是科技创新的扩散器。后者依托在人力资源与市场需求规模上的基础，将商业模式和创新效率的优势充分发挥。

创业投资、股权众筹等机构，社会资本驱动优势进一步显现。与硅谷相比，我国的投资人规模和专业性都还存在明显差距。尤其是在政府大力支持成立创投引导基金的背景下，更多社会资本开始向创投领域潮涌，投资人及机构的专业性问题日益凸显。在没有投资经验和一定专业基础的情况下，投资人的资源对接能力与风险承担能力也会略显不足，不利于创业投资本身的发展。

## 二、结构维度：人才要素的结构比例亟须大幅改善

对标硅谷，中关村生态系统中的人才要素结构比例亟须大幅改善，集中表现在非本土雇员和科研人员与大学生创业比例过低。人才要素比例上的缺陷影响了中关村创新创业的质量，也不利于营造有利于创新创业的开放包容环境。

中关村具有全国最优秀的劳动力资源，但与硅谷相比非本土雇员比例过低，反映出在配置全球人才资源方面存在短板。由于受到国家外籍人员出入境政策的限制以及对外籍人才吸引力不足，中关村人才结构依然以本地的为主。在海外高端人才引进方面，中关村与硅谷存在较大差距。资料显示，中关村共有约 200 万创业人员，其中外籍和“海归”人员占比仅为 1.5%。而在美国硅谷，至少有 36%的从业人员来自海外。尽管有“海聚工程”等一系列人才计划，但吸引的主要是留学归国人员而非外籍人士，能留在中国继续深造或工作的外籍留学生总体偏少。相比之下，硅谷吸纳的是世界各地的精英，大学以上学历非美国籍的约占 50%，其中印度裔和华裔最多。《2015 年全球创业生态系统排名》显示，全球主要创新创业生态圈的非本土雇员比例在 40%左右，其中伦敦东区最高，硅谷与湾区也达到 45%（见图 7-5）。大量研究表明，人才背景的多样化有利于

实现知识互补、激发创新，在文化更多元的区域更容易形成更为开放包容的创业文化，形成有利于创新创业的整体环境。

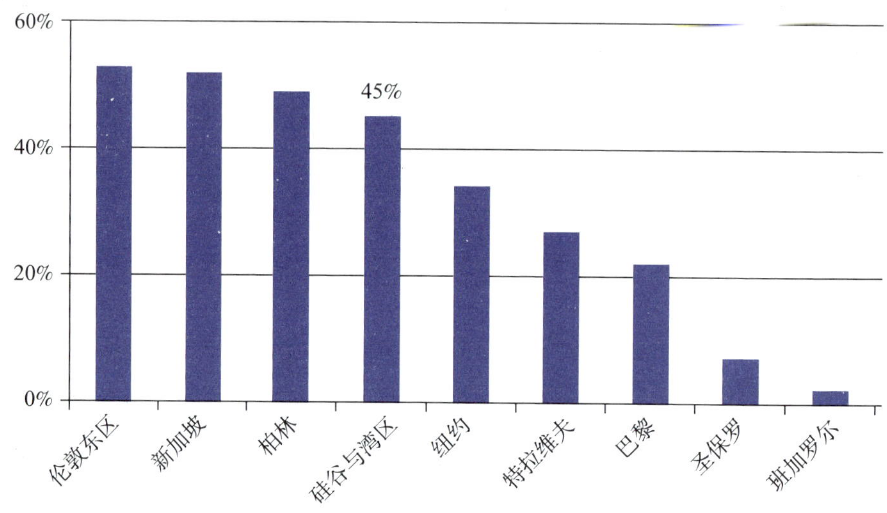


图 7-5　部分创新创业生态圈非本土雇员比例

资料来源：The Global Startup Ecosystem Ranking 2015。

从创业的四类主体来看，中关村的科研人员和大学生创业的数量和占比都远远低于硅谷。拥有大规模的优质科研人员是中关村具有的潜在优势，但由于体制机制原因，科研人员无法积极投入科技成果转移转化和技术创业活动中，许多科研人员只能局限在大学校园从事教学与科研工作。由于无法与产业界进行紧密合作与沟通，自己的研究成果往往难以被产业界所发现和认同。硅谷大学的不少老师都具有创业的经历，老师和学生、校友已经成为硅谷高校技术创业中的重要主体。2015 年斯坦福大学商学院的一项统计表明，有 16%的毕业生创办了自己的企业。尽管这一数字仍低于毕业生在金融行业（31%）和高技术行业（28%）就业的比例，但大大高于全美其他高校学生的创业占比。根据对清华大学的调研，目前清华大学应届生的创业比例远远低于10%。从成功率来看，有过工作经历并回到高校进行创业的清华校友会相对更高。

### 三、机制维度：产学研合作不紧不畅降低系统效率

对标硅谷，中关村的最大短板主要集中在机制层面，尤以技术转移转化机制不畅最为突出，这直接导致高校科研院所支撑创新创业的功能无法有效发挥，中关村难以完全释放其在科教资源方面丰裕度高的潜在优势。同时，中关村在融资机制方面也有较大的改进空间。

产学研合作不紧密是中关村相对于硅谷的最大短板。由于在体制机制方面存在壁垒和障碍，产学研脱节的现象在中关村仍较为普遍，这也使得中关村的优质科研资源难以有效支撑和带动产业成长和经济发展。许多中关村的创业企业与北京大学、清华大学等知名高校没有太多关联，例如格林深瞳、地平线机器人等活跃在中关村的创业企业，往往是由曾在谷歌等大型企业工作的归国技术人员创办的。但在硅谷大学的科研和工业界联系得非常紧密，很多科研课题来自于工业界，例如互联网的发展、计算机科学、大数据研究等。硅谷的高校有较为开放的系统和自由的流动机制，这一套机制是依靠现代科研院所制度、人才选拔制度和职称评聘制度所保证的。依赖于这些制度和机制，工业界与学术界可以开展更为深度的合作。

### 四、环境维度：文化基因与开放包容环境有待培育

对标硅谷，中关村“双创”生态系统的环境具有一定基础，但仍在创业基因、监管环境、生态多样性和包容性等方面存在差距。

中关村“天然的”具有创业基因，但需要防止“官本位”文化

对创业文化的冲击。与硅谷的形成完全依靠市场自发力量[①]不同，中关村一开始是基于国家对科研院所的大规模布局开始的，从“院所一条街”“电子一条街”到现在的“创新创业一条街”，折射出中关村的文化基因中有很强的创业意识和拼搏精神。但也需要看到，目前中关村的创业文化总体呈现混合特征，既有科研文化、创业文化，也有皇城根文化。在不断扩围的过程中，中关村也受到政治中心、总部经济、国有企业等各种因素的影响，其中可能伴随着“官本位”文化对创新创业氛围的冲击。

中关村的营商环境与硅谷仍有较大差距，尤其体现在监管政策、法律体系与信用环境方面。监管政策方面，由于必须执行国家有关规定，中关村的营商环境较硅谷有较大差距。以互联网监管而言，由于北京的特殊性，很多以内容创新为主的互联网公司的盈利模式容易遇到政策障碍。与中关村相比，加州的法律相对宽松，因此Airbnb、Uber这种O2O模式在北京很难完全照搬。目前滴滴出行所遭遇到的行业监管也已充分印证这一点。严格的监管政策不利于新生事物的存续和发展。法律体系方面，中关村也存在较大差距。以风险投资为例，硅谷已经形成保护、提倡风险投资的一整套法律体系以及规范的风险投资家队伍，风险投资已经成为一种很成熟的投资方式，但这些在中关村并不完善。尽管国外风险投资近几年开始进入中国，但由于各方面原因，大部分风险投资家看重短期回报，使得一些优秀项目很难获得资金的支持。在信用环境方面，目前中关村仍未建立较为统一的信用信息的统计、通报、公示等工作机制，企业的信用资源也没有被充分挖掘和利用。及时完善监管政策、法

① 尽管硅谷早期的发展也有赖于美国军方在信息技术的大量投资，但硅谷的运行机制和导向仍是市场化的，依靠市场自发力量形成的集聚与扩散成为硅谷区别于早期中关村的重要标志。

律环境和信用体系中的不足之处，有利于形成更加友好的创新创业环境。

## 第六节　完善我国创新创业生态系统的着力点

### 一、着力优化创新创业的生态环境

改革市场准入和监管机制，创造良好的市场和营商环境。进一步降低民营企业市场准入门槛，消除隐形壁垒。简化中小创业者的审批手续和办事流程，减少多头管理，必须多部门审批的尽量合并办理，尽可能将审批转为备案核准。要明示审批时限，简化和加速审批。例如，要加快探索与“互联网+”等融合性、跨区域性突出的新业态、新模式相适应的监管模式。对网上借贷、众筹的监管制度需要尽快建立，使监管有法可依。

进一步拓宽创业投资退出渠道，加强资本市场建设。要加快注册制改革，进一步增加新三板的流动性，完善创业投资退出渠道。对于国资背景的创投基金，应适应创业投资的特点，建立有别于一般国有企业的考核机制，促进天使投资和创业投资发展。

抓好政策落实，完善支持“双创”的政策体系。要抓好《科技成果转化法》等现有政策的落实，打通“最后一公里”。要完善高新技术企业认定、药品价格等政策。积极研究制定支持天使投资和创业投资发展的财税优惠政策。

加强知识产权保护，完善相关法律法规。对侵权者的惩罚措施不能只体现在罚款的数量上，要重点打击其侵权的能力。对严重和屡次侵权者要限制其参与市场经营活动。要强化行政综合执法及其与司法的衔接，完善快速维权与维权援助网络，将侵权行为纳入社会信用记录。要进一步完善互联网空间里的知识产权保护。加快建立个人信息保护等法律法规。

加强创业文化建设，大力弘扬创新和企业家精神。要进一步加大“全国“大众创业万众创新”活动周”力度，在全社会大力弘扬创新和企业家精神，营造“创业成为一种生活方式，创新成为一种人生追求”的文化导向。要采取奖励、举办创业大赛等措施，进一步激发人民群众的创新创业基因。要建立健全人才流动机制，提高社会横向和纵向流动性，促进人才在不同性质单位和地区间有序自由流动。

支持创业平台建设，强化创业教育和培训。支持创业服务平台进一步完善创业服务产业链，开展强强合作、互补合作，形成资源和信息共享平台，为创业企业提供从项目到产业化的全链条创业服务。支持发展为创业提供服务的财务管理、人力资源管理、法律咨询等第三方机构。要把培育创造型人才作为高校创业教育的主要任务，加大对学生实验、实训、实践平台的投入，支持教师到创业企业挂职锻炼，吸引创业家到高校担任兼职导师，加强创业导师队伍建设。

## 二、优化创新创业资源和要素结构

激发“新四军”创业潜力。支持大学生、研究生带着导师的成果创业。改革对科研人员评价片面以发表论文为导向的做法，引导“体制内”人才积极投身“双创”。进一步加大支持力度，促进更多海外留学生回国创业。要围绕推进农业现代化，促进三次产业融合发展，推动乡村旅游等行业发展，进一步推动农民工等人员返乡创业。

支持创业企业发展。进一步加大对初创企业财税、金融等政策扶持，支持高速成长创业企业发展，大力促进技术创业。对于大量缺乏技术的中小企业，国家应给予支持。可以考虑今后在确定国家研发计划的选题时，应更多反映市场需求，除了基础性、前瞻性和战略技术研发外，绝大部分选题应由企业提出技术需求，面向高校和科研院所招标，国家给予配套支持，可以有效解决研发与需求脱节的问题。另外，对高校、科研机构向中小企业转让技术的，国家应给予中小企业一定补贴。

支持地区创新创业生态发展。要根据各地的发展基础和比较优势，坚持问题导向和目标导向，引导各地建设各具特色的创新创业生态。对于北京，目前存在的主要问题是大学、科研机构和创新创业的协同发展机制不够，商业模式创新导向的创业多、技术创新导向的创业不足。另外，与硅谷相比主要差距在于开放性和国际化程度还不够，因此要引导北京建设更加协同、开放、更具活力的创新创业生态，努力打造“中国硅谷”。对于深圳，目前与硅谷存在的主要差距是缺乏一流大学和科研机构，移民程度不高，创新创业的基础不够坚实。为此，深圳的主要任务和目标是要补短板，加强基础能力建设，建立更协调、开放程度更高、更具活力的全球创新创业高地。

## 三、健全联动发展和协同创新机制

强化大学、研究机构与产业界的联系。与硅谷相比，目前我国一些地区创新创业生态存在的主要问题是大学、研究机构与产业界的联系不紧密。为此，要大力推进高校、科研机构与企业间的技术要素流动，鼓励高校、科研机构通过许可、转让、入股等方式向中小企业转移。

促进多元“创业系”和“创业群落”发展。要推动大企业科技人员和高管离职衍生、裂变创业，支持创业服务平台进一步完善创业服务业产业链。

## 四、厚植创新创业的土壤

加强创新创业教育。将创新创业理念贯穿于教育全过程，倡导个性教育，树立多样化的人才观念。打破以升学率为中心的学校办学水平评价考核机制，按照培养创新型人才的要求调整学校教育目标和课程设置。倡导启发式、探究式、讨论式、参与式教学。加强学校教育与社会实践的结合，支持大学开展创业教育。

支持建设世界一流的研究型大学和科研机构。硅谷等地区创新创业的成功经验表明，强大的科学基础是一个地区创新创业持续发展的坚实基础。为此，必须切实推动现代大学制度和科研院所制度建设，加强基础研究和原始性创新，夯实“双创”的科技支撑。

# 第 八 章

# 构建适应“双创”发展的财税政策体系

创新创业是一项风险较高且具有正外部性的活动，需要政府的扶持。财税政策是政府鼓励企业、自然人技术创新，各类群体创业的主要手段。在支持创新创业方面，财税政策具有独特优势，能够激发创新创业者的积极性和主动性，有效提高创新创业要素的配置效率，优化纳税环境。设立各类专项基金，有利于发挥财政资金对鼓励企业创新、各类群体创业“四两拨千斤”的引导作用。通过完善政府投资方式，能够进一步激发社会投资，引导全社会资金优化配置，投向创新创业领域，同时能够重点解决创新创业企业资金缺口问题。政府购买可以减少创新创业过程中存在的技术、产品生命周期、市场、创新收益分配、环境等众多不确定性，分担企业创新创业的风险，促进创新创业企业生产、研发出更多的产品并能够把成果快速推向市场。财政补贴政策能够直接为企业的创新、各类群体的创业提供资金流，减轻创新创业者资金压力。给予创新创业行为税收优惠，有助于直接降低创新创业的成本、消除部分创新创业的风险并提高纳税人的创新投资和创业的收益率，从而增强创新创业对纳税人的吸引力，引导投资者增加创新投资、创业者加速创业。

## 第一节　科学、完善的财税政策在推进“双创”中的作用机理

科学、完善、有效的财税政策，能够为创新创业提供良好的政策环境，在深入推进“双创”发展中具有基础性作用和保障功能，是创新创业系统的重要组成部分。财税政策促进创新创业的作用机理具体如下。

## 一、税收政策促进创新创业发展的作用机理

### （一）税收政策促进创新创业发展的总效应

税收对创新创业的激励效应是通过收入效应和替代效应来实现的。为了鼓励创新创业行为，给予相关行为税收优惠，会直接降低创新创业的成本、消除部分风险并提高纳税人的投资和收益率，从而增强创新创业对纳税人的吸引力，促进投资者增加创新投资、创业者加速创业，从而替代其他普通投资以及相关就业，这就是税收对创新创业的替代效应。与此同时，免税和降低税率增加了创新创业者的税后净收益，相当于提高了投资者和创业者的收益水平。投资者和创业者为了获得更高的收益水平会倾向于继续投资和创新，这又会进一步促进创新创业的发展，这就是税收对创新创业的收入效应。税收对创新创业的替代效应和收入效应的共同作用，会促进“双创”大力发展，激发创新创业的积极性和主动性。

### （二）固定资产和研发仪器设备加速折旧政策的激励效应

固定资产和研发仪器加速折旧政策有助于减轻企业投资初期的税收负担，改善企业现金流，缓解企业资金压力，提高企业设备投入、更新改造和科技创新的积极性。具体激励效果体现在：一是减轻企业所得税负担，增加企业的流动资金。固定资产折旧政策的目标就是企业可以在更短的时间内计提固定资产折旧，使更多的折扣在使用初期已被摊销，并且允许在税前扣除，可使企业获得延期纳税的好处，盘活企业现金流，在经营上使企业当期能有更宽松的资金运用。二是促使企业全身心投入到研究中，实现设备更新与技术改造。由于更完善的仪器设备不断进入市场，使得原有的技术较落后的仪器设备使用年限缩短，甚至提前报废，从而形成了无形的损

耗。因此，采用加速折旧法可以补偿无形损耗、早日收回投资，提高产量和质量，使企业竞争优势得到提高，提升投资人对企业的期望，进一步增加对企业的设备投入。三是提高企业对通货膨胀、物价变动等带来的风险承受能力。在物价变动尤其是物价持续上涨的情况下，尽快收回大部分投资，降低通货膨胀、物价变动带给企业冲击的可能性，从而降低固定资产的投资风险，鼓励投资。

（三）研发费用加计扣除政策的激励效应

研发费用加计扣除政策直接增加了税前扣除的额度，减少了企业的税收负担，降低了研发投入成本与投资风险，间接提高了项目的盈利能力，促使企业增加研发经费投入，激励企业创新发展。

（四）免税或按低税率征收政策的激励效应

免税或按低税率征收政策属于直接性税收优惠，直接减少了企业的纳税义务，降低了创新创业的成本和风险，进而鼓励企业和个人进一步增加创新投入，从而加快技术创新，也鼓励各类群体开展创业活动。

（五）税收抵免、税前扣除政策的激励效应

税收抵免、税前扣除政策均允许纳税人以一定比率从其应纳税额中扣除部分税额以减轻其税负，属于间接性税收优惠，类似于政府对企业投资的一种补助。该项税收优惠政策同样降低了创新创业的成本和风险，提高了创新创业收益。

（六）亏损结转抵补政策的激励效应

亏损结转抵补是指对缴纳所得税的纳税人在某一纳税年度发生的经营亏损，准予在其他纳税年度盈利中抵补的一种税收优惠。创新创业是一项风险较高的活动，不论是向前结转还是向后结转，该项税收政策的实质是政府承担了部分创新创业的风险，从而降低了创业者的风险，弥补了部分损失，让创新创业者更好开展活动。

## 二、财政政策促进创新创业的作用机理

在创新创业方面，财政政策主要包括设立财政专项基金，运用财政补贴、政府购买以及减免各项行政性收费和政府基金等政策。形成有效的政策组合，助力创新创业发展。

### （一）财政专项基金的激励效应

设立各类专项基金，有利于发挥财政资金对鼓励企业创新、各类群体创业“四两拨千斤”的引导作用。通过完善政府投资方式，能够进一步激发社会投资，引导全社会资金优化配置，投向创新创业领域。设立各类支持企业技术创新的专项基金，为企业进入产业化扩张和吸引商业性资本的介入起到铺垫和引导的作用。通过重点支持产业化初期（种子期和初创期）、技术含量高、市场前景好、风险较大、商业性资金进入尚不具备条件、最需要由政府支持的企业项目，以贷款贴息、无偿资助和资本金投入等方式，重点解决资金缺口问题，扶持和引导企业技术创新活动，支持成果转换和技术创新，最终培育和扶持科技型企业。设立各种创业引导基金，发挥财政资金的杠杆放大效应。由政府出资并吸引有关金融、投资机构和社会资本，不以营利为目的，以股权或债权等方式投资于创业风险投资机构，支持创业企业发展。创业引导基金能够增加创业投资资本的供给，克服单纯通过市场配置创业投资资本的市场失灵问题。特别是鼓励处于种子期、起步期等创业早期的企业，弥补一般创业投资企业主要投资于成长期、成熟期和重建企业的不足。

### （二）政府购买政策的激励效应

政府购买是通过支出使政府掌握的资金与微观经济主体提供的

商品和服务相交换，政府直接以商品和服务的购买者身份出现在市场上，对社会生产有直接影响。政府在完成采购任务的同时，通过执行采购政策来实现调节经济运行的功能。政府采购可以减少创新创业过程中存在的技术、产品生命周期、市场、创新收益分配、环境等众多不确定因素，分担企业创新创业的风险，促进企业生产、研发出更多的产品并把成果快速推向市场。政府采购创新产品的激励效应主要表现为：一是能够为创新产品和服务创造市场，通过创造需求激发企业创新的动力和能力。创新的根本目的是为了创造新产品满足市场需求，市场需求直接影响投入产出状况以及生产要素的配置和转化效率。创新产品刚刚进入市场，需求者对该产品的性能不太了解，导致市场需求较低，创新企业出现亏损，导致企业不愿意去创新。而通过政府采购政策，扩大市场需求，使创新企业盈利，促使企业愿意持续开发自主创新产品。二是政府采购能够对企业创新起到引导作用，为创新技术产生和发展构建新的沟通交流机制。政府采购对拟定采购物品的品种等有明确要求，这都直接影响到企业的创新行为。企业会根据相关标准设定自身创新的科研目标，积极参加政府采购部门的投标。这样在政府的引导下，企业会积极加大创新的投入，参与重大技术的创新并加快技术成果转换，生产出技术含量高、质量好的创新产品。三是政府采购可以充当创新产品的“试验田”，帮助和鼓励创新技术产业化，为企业的创新分担一定的风险。政府采购可以为企业提供一个市场化、商业化的平台，加速创新产品的应用，减少创新技术向创新产品转化的不确定性和风险。在企业创业早期阶段，由于政府采购可为其创新产品提出明确的技术标准、性能要求、巨额资金及早期市场，减少产业化进程中的不确定性。在某种程度上减少了企业科技创新的产业化风险，能够有效鼓励现有科技成果加速产业化，形成良性循环，促进企业向更高新的技术创新领域发展。在创新产品改进和成熟阶段，政府采购的介入会为企业最大限度减少在产品宣传、市场开拓、教育消费等方面的支出，使得科技创新产品与市场直接联系起来，加速创新产品的推广。

### （三）财政补贴政策的激励效应

将补贴政策运用到创新创业领域，其目的是通过优化财政资金投资方向，使财政资金更多投向创新创业领域，直接为企业的创新、各类群体的创业提供资金流，减轻创新创业者的资金压力。同时，还具有影响企业投资决策和引导企业投资行为的作用，鼓励创新创业者加大创新的投入和创业的力度。

### （四）减免行政性收费和政府基金政策的激励效应

对创新创业企业减免部分行政性收费和政府基金，能够直接减轻创新创业企业承担的税费负担，增加创新创业企业的现金流，间接提高创新创业者的动力和能力。

## 第二节　财税政策体系构建的基本原则

### 一、优惠体系应全方位

政策优惠体系应覆盖创新创业生态系统的各方面。既要注重创新创业者本身，又要注重创业投资机构、创新创业平台；既要注重扶持高新技术产业和科技创新，又要注重支持初创期和成长期的中小企业，要覆盖创新活动的全过程；既要注重发挥企业作为市场主体的竞争效应，又要注重提高创新创业要素配置效率，调动科研人员的积极性、创造性，引导资本和土地向创新创业领域配置。

### 二、政策体系应普惠式和特惠式相结合

实现“大众创业万众创新”，既要在整体上营造积极进取、开拓创新的社会氛围，又要在重点行业和领域内有所突破。因此，政策优惠体系既要重视对小微企业、科技创新的普惠式支持，也要重视针对重点创业群体、高科技产业、创新资源集聚地区的特惠式倾斜。

### 三、政策扶持手段应具有多样性

政策扶持手段应具有多样性，通过采用不同的扶持手段，使得不同类型、不同性质的创新创业企业从中受益。在财政政策方面，对创新创业的扶持政策除了采用财政补贴以外，还应通过设立财政专项资金、减免各类政府基金以及政府购买等手段。通过形成有效的政策组合，助力创新创业发展。在税收政策方面，实施以间接性税收优惠为主，直接优惠为辅的政策体系。对创新创业扶持政策除了采用直接减免外，还应广泛运用税收抵免、亏损结转、研发费用加计扣除、加速折旧、提取科研开发准备金、延期纳税等间接税收优惠方式。改变当前以所得税为主的税收优惠政策体系，通过加大流转环节税收的优惠力度，给企业特别是给处于种子期、起步阶段的高新技术企业和风险投资企业以更多实惠。

## 第三节　构建全视角、多功能性的财税政策体系的主要任务

适应“双创”发展财税政策体系应具备全视角、多功能性，包

括鼓励创新创业机构发展、提高创新创业要素配置效率的财税政策。同时，还需要优化纳税服务并加快相关财税政策落地，解决政策“最后一公里”问题。

## 一、鼓励创新创业机构大力发展财税政策

相关财税政策应覆盖创新创业企业的整个生命周期，包括种子期、初创期、成长期、成熟期等，还应紧紧围绕重点群体给予财税支持。为促进孵化器、众创空间、大学科技园等创新创业平台更好地为孵化企业提供场地、管理、技术和金融等专业服务和资源，应给予相关财税支持政策。此外，还需为创新创业企业提供相关专业服务的中介机构提供财税支持政策。

## 二、提高创新创业要素配置效率的财税政策

为创新创业创造有利的融资环境。加大财政资金对企业创新创业的支持力度、扩大支持范围和完善支持方式。对为创新创业企业提供资金保障的各类创业投资机构和基金机构、提供融资服务的银行和担保机构给予财税支持，实现资本向创新创业企业聚集的税收优惠政策，为创新创业积累发展资本。作为一种新型创新创业融资机制，创业投资不仅具有简单的提供资金的职能，还在创新项目孵化、创新成果转化、市场开拓、企业管理等方面发挥着重要作用。在创业投资领域，由于创新活动的正外部性以及创业过程中严重的信息不对称和高风险，市场对创新资源的供给存在失灵现象。因此，需要政府对创业投资机构进行扶持，相关政策的实施将有利于提高创投企业的收益，从而增强对外部资本的吸引力，有效激发更多创业投资行为，最终能够达到增加创业资本规模的目的。另外，还要

鼓励包括银行、担保机构在内的金融机构发展，通过财税政策营造一个健康、竞争性的金融系统，保证创新创业企业能够获得所需资金。构建激励人力资本提高的财税政策，运用相关财税政策，促进人力资源素质提高和合理利用，帮助企业和科研机构留住创新人才，鼓励创新人才为企业提供充分的智力保障和支持。完善土地使用税费政策，引导土地资源向创新创业领域配置。

## 三、优化纳税服务并加快相关财税政策落地

积极为创新创业的实践者提供更为方便、快捷、高效的办税渠道，打造法治、公平、正义、规范的税收征管和服务环境。加大相关支持政策的宣传力度，提高政策可操作性，促使相关财税政策落地。

**表 8-1　促进创新创业发展的财税政策的着力点**

<table>
<tr><td rowspan="10">全视角、多功能</td><td>环节</td><td>着力点</td></tr>
<tr><td rowspan="4">鼓励创新创业投资机构发展</td><td>创新创业企业（种子期、初创期、成长期、成熟期）</td></tr>
<tr><td>孵化器、众创空间、中介服务机构</td></tr>
<tr><td>大学科技园区</td></tr>
<tr><td>高校、科研院所</td></tr>
<tr><td rowspan="3">提高创新创业要素配置效率</td><td>资本（创业投资企业、银行、担保机构、基金机构等）</td></tr>
<tr><td>人才</td></tr>
<tr><td>土地</td></tr>
<tr><td rowspan="2">优化纳税服务并加快政策落地</td><td>打造法治、公平、正义、规范的税收征管和服务环境</td></tr>
<tr><td>解决政策“最后一公里”问题</td></tr>
</table>

## 第四节 构建适应“双创”发展的财税政策体系的相关建议

### 一、促进创新创业企业发展的财税政策

财税政策体系应覆盖企业种子期、初创期、成长期和成熟期，相关建议主要包括以下方面。

#### （一）企业处于种子期、初创期时

在企业种子期、初创期时，除了给予普惠性的税收优惠，如对小型微利企业减免企业所得税政策、个体工商户和个人增值税起征点政策、企业或非企业性单位和增值税小规模纳税人销售额未超限免征增值税政策，也要给予重点行业的小微企业购置固定资产，特殊群体创业等特殊的税收优惠政策。具体实施政策有：重点群体创业享受税收扣减政策；随军家属创业免征增值税、个人所得税；军队转业干部创业免征增值税；自主择业的军队转业干部免征个人所得税；残疾人创业免征增值税。

同时，还应发挥财政资金和政府采购的作用。优化财政资金投资方向和投入方式，设立创新创业专项引导基金，充分发挥政府资金“四两拨千斤”作用，引导全社会资金投向创新创业领域；应给予企业免征行政事业性收费和政府性基金等优惠政策，降低企业承担的成本。如对个体工商户、小微企业，自首次注册登记之日起3年内，免收登记类、证照类和管理类等行政事业性收费；实施多渠道创新创业资助，资助创业者购买住房、租赁住房、积累创业经费，

也可以提供一定规模的创业社会保险补贴和创业培训补助。对首次领取小微企业营业执照、正常经营，并在创办企业缴纳社会保险费满12个月的创业者，发放一次性创业补贴。对首次领取营业执照、正常经营1年以上的小微企业，吸纳登记失业人员和应届高校毕业生，并签订1年及以上期限劳动合同的，按照申请补贴时创造就业岗位数量，给予一次性创业岗位开发补贴；积极发挥政府采购的作用，各级国家机关、事业单位和团体组织使用财政性资金进行政府采购的，应预留一定规模的本部门年度政府采购项目预算总额，重点面向已经转型升级或有自主研发产品的小微企业，促进小微企业产品或成果快速投向市场；积极发展政府性融资担保体系，破解中小企业融资难问题。

### 我国政府性融资担保体系的构建扩大了创业融资新渠道

2015年7月31日，国务院常务会议要求，坚持市场主导和政策扶持相结合，有针对性地加快发展融资担保行业，强调要以省级、地市级为重点，以政府出资为主，发展一批经营规范、信誉较好、聚焦主业服务小微企业和“三农”的政府性融资担保机构，破解小微企业和“三农”融资难题。自2016年以来，我国部分省市已开始着手尝试设立风险共担模式的政府性担保基金，这将为小微企业、“三农”和广大创业者提供一条高效顺畅的融资新渠道。例如，2016年6月2日，上海市成立了中小微企业政策性融资担保基金，成立当天与6家商业银行、4家同业担保机构签订了战略合作协议，并与3家企业签订了贷款担保意向协议。该基金资金来源于上海市区两级财政和部分商业银行，首期筹集资金50亿元，主要为处于成长期的科技型、创新型、创业型、吸纳就业型、节能环保型和战略型新兴产业、现代服务业、“四新”和“三农”等领域的中小微企业提供融资性担保、再担保等金融服务。

资料来源:《2016年中国大众创业万众创新发展报告》。

## 政府引导基金持续升温

2016年9月20日，国务院出台《关于促进创业投资持续健康发展的若干意见》，强调在引导方式上，从运用财政补贴、税收优惠等直接扶持方式，转向充分发挥政府设立的创业投资引导基金的运作模式；在引导作用上，积极发挥财政资金的引导和聚集放大作用，引导民间投资等社会资本投入；在引导效果上，要进一步提高创业投资引导基金市场化运作效率，建立并完善创业投资引导基金中政府出资的绩效评价制度。

政府引导基金的总体规模继续快速增长。2016年政府引导基金延续2015年快速增长的态势。截至2016年末，全国共设立901只政府引导基金，已披露的总目标规模达32227.13亿元，已到位资金规模为11336.47亿元。其中，2016年新设324只政府引导基金，新增总目标规模达17697.75亿元，已到位资金规模为4222.08亿元，分别是2015年的1.73倍、1.99倍和1.17倍（见图8-1）。在各项政策的支持下，政府引导基金带动社会资本进入创投领域的作用日益凸显。对比相关地区数据，表明设立政府引导基金的城市在创投募资规模、新设立的创投机构数量、首次进入创投市场投资的有限合伙人数量三个维度上均显著地高于没有设立政府引导基金的城市。

政府引导基金的市场化运作不断完善。随着各级政府不断加强对引导基金投后管理和绩效考核机制的关注，政府引导基金在募投管退方面的市场化运作成为大势所趋。一些地方政府引导基金根据

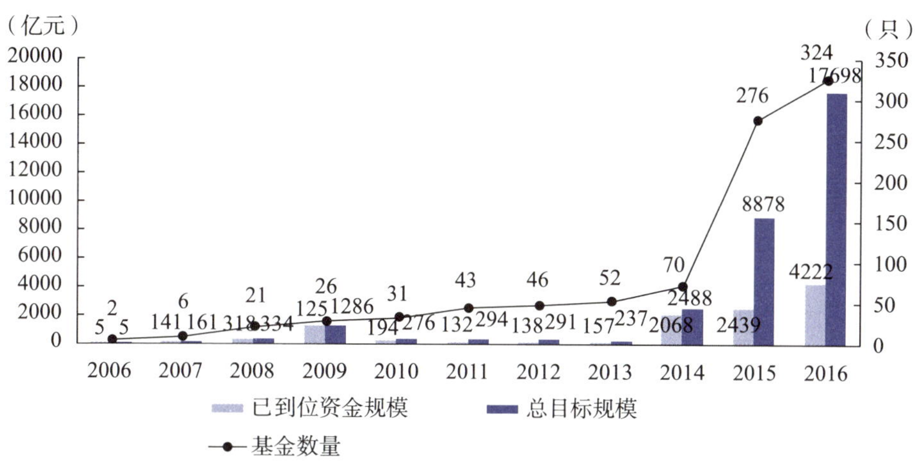


**2006—2016 年我国政府引导基金设立和募资情况**

地方实际情况建立绩效评价体系，并不断完善绩效考核评价机制；为提升引导基金的带动作用，对投资地域、行业等方面的限制渐趋模糊，多地政府互相合作，形成合力，促进多个区域协同发展的合作模式层出不穷。

资料来源：《2016 年中国大众创业万众创新发展报告》。

在企业成长期时，为营造良好的科技创新税收环境，促进企业快速健康成长，应实施一系列财税政策帮助企业不断增强转型升级的动力。如对研发费用实施所得税加计扣除政策，降低企业的研发风险和成本；对重点行业企业固定资产实行加速折旧，鼓励企业进行设备更新，加快技术改造和转型升级；允许外资研发中心采购国产设备增值税退税，有利于本国研发产品投向市场，鼓励本国产品出口；允许企业购买用于科学研究、科技开发和教学的设备享受进口环节增值税、消费税免税和国内增值税退税等税收优惠；给予技术转让、技术开发和与之相关的技术咨询、技术服务等环节增值税优惠，以及技术转让所得环节企业所得税优惠。这有利于加快我国企业技术的转让、开发、咨询等环节活动的开展，积极发挥各类专项引导基金、政府购买政策在企业成长期的作用。

在企业成熟期时，财税政策的作用是充分补给“营养”，助力企业“枝繁叶茂、独木成林”。如对高新技术企业按较低税率征收企业所得税，并不断扩大高新技术企业的认定范围；对于服务外包示范城市和国家服务贸易创新发展试点城市地区的技术先进型服务企业，按较低税率征收企业所得税；对软件和集成电路企业等实行优惠的企业所得税优惠；对其他国家规划布局内的重点企业按较低税率征收企业所得税，对重点行业企业给予增值税期末留抵税额退税；降低居民对消费高科技产品的税收负担，引导和推动新消费，构建新消费倒逼新产业（新业态）的良性循环；综合运用无偿资助、财政贴息、股权投资、业务补助或奖励、购买服务和产品等方式。采用科技创新券、创业券等市场化方式配置资源，支持企业创新创业。另外，政府采购应向创新产品和服务倾斜，加大创新产品和服务的采购力度，对高新技术企业、创新型试点企业、科技型中小企业的创新产品和服务，优先列入政府采购目录，安排采购预算；对首次投放市场的创新产品和服务，依法实行政府首购或优先采购。

## 目前我国给予种子期、初创期、成长期、成熟期企业的税收优惠政策

推进“大众创业万众创新”，是发展的动力之源、也是富民之道、公平之计、强国之策。截至目前，我国针对创新创业主要环节和关键领域陆续推出了 77 项税收优惠措施，尤其是 2013 年以来，新出台了 60 余项税收优惠，覆盖企业整个生命周期。目前税收优惠助力“双创”，有效催生了经济发展的新动能、激发了市场新活力，

打造了经济增长的新引擎。2017年上半年，全国税务部门落实“双创”税收优惠政策累计减税2169亿元，同比增长29.6%。其中，支持科技创新各项优惠政策减税1243亿元，增长25.2%，落实支持小微企业发展税收优惠政策减税828亿元，同比增长44.4%，惠及纳税人3000万户。相关优惠政策主要如下。

**企业种子期、初创期税收优惠政策**

| | |
|---|---|
| 小微企业税收优惠 | 个体工商户和个人增值税起征点政策 |
| | 企业或非企业性单位销售额未超限免征增值税 |
| | 增值税小规模纳税人销售额未超限免征增值税 |
| | 小型微利企业减免企业所得税 |
| | 重点行业小型微利企业固定资产加速折旧 |
| 重点群体创业就业税收优惠 | 重点群体创业税收扣减 |
| | 吸纳重点群体就业税收扣减 |
| | 退役士兵创业税收扣减 |
| | 吸纳退役士兵就业企业税收扣减 |
| | 随军家属创业免征个人所得税 |
| | 随军家属创业免征增值税 |
| | 安置随军家属就业的企业免征增值税 |
| | 军队转业干部创业免征增值税 |
| | 自主择业的军队转业干部免征个人所得税 |
| | 安置军队转业干部就业的企业免征增值税 |
| | 残疾人创业免征增值税 |
| | 安置残疾人就业的单位和个体户增值税即征即退 |
| | 特殊教育学校举办的企业安置残疾人就业增值税即征即退 |
| | 残疾人就业减征个人所得税 |
| | 安置残疾人就业的企业残疾人工资加计扣除 |
| | 安置残疾人就业的单位减免城镇土地使用税 |
| | 长期来华定居专家进口自用小汽车免征车辆购置税 |
| | 回国服务的在外留人员购买自用国产小汽车免征车辆购置税 |

企业成长期税收优惠政策

| 研发费用加计扣除政策 | 研发费用加计扣除 |
| --- | --- |
| 固定资产加速折旧政策 | 固定资产加速折旧或一次性扣除：生物药品制造业、软件和信息技术服务业等6个行业、4个领域重点行业的企业用于研发活动的仪器设备不超过100万元的，可以一次性税前扣除 |
| | 重点行业固定资产加速折旧：生物药品制造业，专用设备制造业，铁路、船舶、航空航天和其他运输设备制造业，计算机、通信和其他电子设备制造业，仪器仪表制造业，信息传输、软件和信息技术服务业六大行业，轻工、纺织、机械、汽车等四大领域重点行业的小型微利企业 |
| 购买符合条件设备税收优惠 | 重大技术装备进口免征增值税 |
| | 内资研发机构和外资研发中心采购国产设备增值税退税 |
| | 科学研究机构、技术开发机构、学校等单位进口符合条件的商品享受免征进口环节增值税、消费税 |
| 科技成果转化税收优惠 | 技术转让、技术开发和与之相关的技术咨询、技术服务免征增值税 |
| | 技术转让所得减免企业所得税 |

企业成熟期税收优惠政策

| 高新技术企业税收优惠 | 不断扩大高新技术企业的认定范围，高新技术企业减按15%的税率征收企业所得税 |
| --- | --- |
| | 高新技术企业职工教育经费税前扣除 |
| | 技术先进型服务企业享受低税率企业所得税：对于服务外包示范城市和国家服务贸易创新发展试点城市地区的技术先进型服务企业，按15%的税率征收企业所得税 |
| | 技术先进服务企业职工教育经费税前扣除 |
| | 软件产业增值税超税负即征即退，对自行开发生产的计算机软件产品、集成电路重大项目企业还给予增值税期末留抵税额退税等政策 |
| | 新办软件企业定期减免企业所得税：对软件和集成电路企业，可以享受“两免三减半”等企业所得税优惠 |
| | 国家规划布局内重点软件企业减按10%的税率征收企业所得税 |
| | 软件企业取得即征即退增值税款用于软件产品研发和扩大再生产的企业所得税优惠 |
| | 软件企业职工培训费用应纳所得额扣除 |
| | 企业外购的软件缩短折旧或摊销年限 |

续表

| | |
|---|---|
| 科技型中小企业税收优惠 | 研发费用加计扣除比例提高到75% |
| 动漫企业税收优惠 | 动漫企业增值税超税负即征即退 |
| 集成电路企业税收优惠 | 集成电路重大项目增值税留抵税额退税 |
| | 集成电路线宽小于0.8微米（含）的集成电路生产企业定期减免企业所得税 |
| | 线宽小于0.25微米的集成电路生产企业减按15%的税率征收企业所得税 |
| | 投资额超过80亿元的集成电路生产企业减按15%的税率征收企业所得税 |
| | 新办集成电路设计企业定期减免企业所得税 |
| 集成电路企业税收优惠 | 国家规划布局内的集成电路设计企业按10%的税率征收企业所得税 |
| | 集成电路设计企业计算应纳税所得额时扣除职工培训费用 |
| | 集成电路生产企业生产设备缩短折旧年限 |
| | 集成电路封装、测试企业定期减免企业所得税 |
| | 集成电路关键专用材料生产企业、集成电路专用设备生产企业定期减免企业所得税 |
| 研制大型客机、大型客机发动机项目和生产销售新支线飞机企业 | 研制大型客机、大型客机发动机项目和生产销售新支线飞机增值税期末留抵退税 |

资料来源：国家税务总局网站。

## 二、鼓励创新创业平台发展的财税政策

孵化器、众创空间、大学科技园区等创新创业平台通过对孵化企业提供场地、管理、技术和金融等专业服务和资源，降低了企业的创业成本和失败风险、拓展了企业的发展空间，实现了成果转化，提高了企业的存活率和成功率，促进了创新创业发展。为鼓励孵化

器、科技园更好地为孵化企业提供专业服务和资源，需要对孵化器、科技园等创新创业平台提供税收减免、房租与运营费用补贴、创建资金、孵化项目资助等支持，这能够有效解决其收入往往难以覆盖提供各类服务的成本问题，有助于增强其孵化服务供给，促进对创新创业的支持。具体应包括：对科技企业孵化器（含众创空间）给予增值税、房产税、城镇土地使用税等税收优惠；对符合条件的孵化器的收入给予企业所得税优惠；对国家大学科技园给予增值税、房产税、城镇土地使用税等优惠；对符合条件的大学科技园的收入给予企业所得税优惠；给予创新创业平台房租、运用费用补贴和创建资金支持。支持个人、企业、投资机构、行业组织等社会力量，投资建设或管理运营创客空间、创业咖啡、创新工场等新型孵化载体，打造低成本、便利化、全要素、开放式的众创空间。对符合条件的众创空间，经认定后给予一定额度的一次性补助。支持创建高层次创业孵化基地（园区），对评估认定为国家级、省级的创业孵化示范基地、创业示范园区，给予一次性奖补。其中，直接购买或租赁已开发闲置房地产楼盘作为创业孵化基地（园区）的，奖补标准可以适当提高。

**表 8-2　我国已有的对平台的税收优惠政策**

| | |
|---|---|
| 平台税收优惠 | 科技企业孵化器（含众创空间）免征增值税 |
| | 符合非营利组织条件的孵化器的收入免征企业所得税 |
| | 科技企业孵化器免征房产税 |
| | 科技企业孵化器免征城镇土地使用税 |
| | 国家大学科技园免征增值税 |
| | 符合非营利组织条件的大学科技园的收入免征企业所得税 |
| | 国家大学科技园免征城镇土地使用税 |

## 三、鼓励资本、人才、土地等要素向“双创”高效集聚的财税政策

首先，构建资本向创新创业企业聚集的财税政策，对提供资金、非货币性资产投资的创投企业、银行、担保机构、基金机构、保险公司给予税收优惠。主要有：允许符合条件的公司制创投企业和有限合伙制创投企业法人、合伙人以及天使投资人按投资额的一定比例抵扣应纳税所得额；允许以非货币性资产对外投资确认的非货币性资产转让所得分期缴纳企业所得税和个人所得税；允许金融企业发放中小企业贷款按比例计提的贷款损失准备金税前扣除，如果各银行业金融机构新增小微企业贷款超过全省平均增幅的部分，可增加一定比例计提贷款损失准备金，同时允许金融机构对小微企业贷款获得的部分利息收入免征增值税，推动金融机构增加对小微企业的信贷投放；允许金融机构与小型微型企业签订借款合同免征印花税；对信用担保机构实行风险补偿和税收优惠政策；制定鼓励社会捐赠创新活动的税收优惠政策；鼓励保险机构开展科技保险业务，对在科技型中小企业技术研发、成果转化、产业化过程中提供各类产品研发责任保险、产品责任保险、专利保险、关键研发设备保险等险种的保险机构，给予科技保险保费收入一定额度的补贴。

**表 8-3　我国已有的对创投企业、金融机构的税收优惠政策**

<table>
<tr><td rowspan="3">对提供资金、非货币性资产投资的创投企业、金融机构等给予税收优惠</td><td>创投企业按投资额的一定比例抵扣应纳税所得额</td></tr>
<tr><td>有限合伙制创业投资企业法人合伙人按投资额的一定比例抵扣应纳税所得额</td></tr>
<tr><td>以非货币性资产对外投资确认的非货币性资产转让所得分期缴纳企业所得税</td></tr>
</table>

续表

| | |
|---|---|
| | 以非货币性资产对外投资确认的非货币性资产转让所得分期缴纳个人所得税 |
| | 金融企业发放涉农和中小企业贷款按比例计提的贷款扣除准备金企业所得税税前扣除 |
| | 金融机构与小型微型企业签订借款合同免征印花税 |
| | 将金融机构利息收入免征增值税政策范围由农户扩大到小微企业、个体工商户，享受免税的贷款额度上限从单户授信10万元扩大到100万元 |

其次，鼓励创新人才为企业提供充分的智力保障和支持的税收政策。主要有：允许科研机构、高等学校股权奖励延期缴纳个人所得税；允许高新技术企业技术人员股权奖励分期缴纳个人所得税；允许中小高新技术企业个人股东分期缴纳个人所得税；允许获得非上市公司股票期权、股权期权、限制性股票和股权奖励的个人递延缴纳个人所得税，获得上市公司股票期权、限制性股票和股权奖励的个人适当延长纳税期限；允许企业以及个人以技术成果投资入股递延缴纳个人所得税；对科技人员获得的由国家级、省部级以及国际组织颁发的科技奖金免征个人所得税；提高符合条件的科技企业、科技服务企业职工教育经费税前扣除的比例。这些政策的实施有利于促进人力资源素质提高和合理利用，帮助企业和科研机构留住创新人才，鼓励创新人才，为企业发展提供充分的智力保障。

最后，完善土地使用税费政策。发挥好税收引导土地节约集约利用的作用，引导土地资源向创新创业领域配置。

## 四、优化纳税服务

加强制度供给，建立多元化纳税服务体系，优化纳税服务和提升服务质量，进一步降低纳税成本。与此同时，落实好创新创业的优惠政策。提高政策的可操作性，加大对财税政策的宣传力度，解决政策“最后一公里”问题，实实在在减轻创新创业企业的税收负担。具体来看，一是组建“辅导队”精准实施宣传辅导。各级税务部门应组织业务骨干和成立辅导团队，强化在办税服务厅的现场辅导和审核，深入重点企业帮助纳税人准确理解、掌握政策关键和要领。同时，借助涉税专业服务社会组织等“外力”，把服务触角延伸到每一位纳税人，全面提升宣传和辅导效果。二是拓展办税渠道让纳税人“少等待”。力推预约办税、合理疏导，缩减纳税人等待时间。完善网上办税、自助办税和移动办税平台，积极稳妥拓展网上业务功能，实现新的减税措施网上备案。三是推行“一站式”办理降低办税成本。严格落实首问责任、导税服务等制度，避免纳税人“来回跑”。充分发挥国地税联办、同城通办的优势，降低纳税人办税成本。四是加强落实工作的监督检查。税务机关还要做好减税效应的统计和分析工作，加强监督检查。通过专项督导、执法督察、绩效考评等方式跟踪问效和监督问责，确保减税优惠政策落实到位。

## 潍坊市出台30条财税政策支持“双创”发展

为进一步激发“大众创业万众创新”活力，汇聚经济发展新动能，打造转型升级新优势，潍坊市制定出台了支持创新创业财税政策，从打造环境、资金扶持、搭建平台、资助渠道、配套服务等五方面给出30条政策。

一、打造“零成本”创新创业环境

1. 落实免征行政事业性收费政策。

2. 补助高校毕业生创业场地租金。高校毕业生在指定的创业孵化器外租用经营场地创办小微企业，自注册登记之日起正常运营6

个月以上并吸纳3人以上就业的，给予最长2年、每年最多5000元的租金补贴。

3. 减免市级创业孵化器入驻企业房租。对入驻市级创业孵化器的企业，在3年孵化期内，前2年免缴房租，第3年享受50%的减免。

4. 落实小微企业增值税延期政策。

5. 加大科技型小微企业奖励扶持力度。对科技型小微企业，以国家优惠数额为基数，按30%的比例给予奖励。

二、提供低成本资金扶持

6. 加大创业担保贷款扶持力度。符合条件的各类创业人员，可申请最高20万元的创业担保贷款，政府给予同期贷款基准利率上浮不超过3个百分点的贴息；符合条件的小微企业，可申请最高300万元的创业担保贷款，政府给予同期贷款基准利率50%的贴息；对还款及时、无不良信贷记录的个人和企业，允许其再申请一次创业担保贷款。

7. 鼓励增加小微企业贷款投放。对各银行业金融机构新增小微企业贷款，超过全市平均增幅的部分，按1%的比例提供风险补偿，推动增加小微企业信贷投放。

8. 发挥天使投资基金引导作用。种子期、初创期科技型中小企业以及互联网众筹创新项目，可向市、县科技部门提出申请，由各级天使投资基金给予其资金支持。

9. 加大重大科技项目风投基金支持力度。列入国家科技计划的重大科技创新项目，有资金需求的，可向市科技局提出申请，按程序决策后，给予其风险投资基金支持。

10. 鼓励发展社会化风险投资。对在潍坊市设立的注册资本1

亿元以上且投资本地企业占其投资总额70%以上的股权投资类企业，3年内每年给予营业收入8%的补助，最高累计不超过300万元；购买或租赁办公场所500平方米以上的，分别给予每平方米500元的购房补贴，或3年内给予60%的租房补贴，最高累计不超过50万元。

11. 提供政策性融资担保服务。有融资担保需求的科技型中小企业，可向市、县科技部门提出申请，按程序决策后，给予其政策性融资担保服务。

12. 实施全方位风险缓释基金支持。鼓励银行业金融机构向科技型中小企业提供展期贷款服务，政府在资源配置方面给予倾斜。

13. 鼓励利用知识产权质押融资。市级财政对科技型中小企业以专利权、商标权质押贷款给予贴息补助，贴息比例为实际支付利息总额的50%，每家企业每年贴息最高不超过20万元。

14. 支持利用政府采购合同融资。对银行业金融机构为科技型中小企业利用政府采购合同融资提供优惠利率的，低于同期贷款基准利率1.25倍的部分，由所在地政府给予等额风险补偿，最高补偿比例为1.5%。

三、搭建多元化创新创业平台

15. 鼓励社会力量兴办众创空间。对符合条件的众创空间，经认定后，给予50万元的一次性补助。

16. 支持创建高层次创业孵化基地（园区）。对评估认定为省级、市级创业孵化示范基地、创业示范园区，在上一级政府补助的基础上，再给予一定数额的补助。

四、实施多渠道创新创业资助

17. 资助创业者购买住房。对来潍坊市自主创业的各类人才，只要符合一定条件，发放10万元“购房券”，用于购买自有住房。“购房券”的金额随着投资额增加有所提高。

18. 资助创业者租赁住房。对到中心城区自主创业的本科以上（含本科）高校毕业生，租赁普通住房的，按租赁合同给予每月300元补贴，最长补贴期限不超过2年。

19. 资助高端人才创业经费。每年遴选一批，对符合条件的高端创新人才给予每人100万元、每个团队300万元的经费资助。

20. 提供创业社会保险补贴。自主创业人员招用应届高校毕业生，签订1年以上期限劳动合同并缴纳社会保险费的，可按实际招用人数，参照用人单位招用就业困难人员的社会保险补贴标准，给予最长3年的补贴。

21. 提高创业补贴标准。对首次领取小微企业营业执照、正常经营，并在创办企业缴纳社会保险费满12个月的创业者，发放一次性创业补贴。

22. 提高创业岗位开发补贴标准。对首次领取营业执照、正常经营1年以上的小微企业，吸纳登记失业人员和毕业年度高校毕业生，并与其签订1年及以上期限劳动合同的，按照申请补贴时创造就业岗位数量，给予一次性创业岗位开发补贴。

23. 提高创业培训补助标准。面向全国选择高质量培训机构，建立政府购买服务和订单式培训机制，支持免费向学员提供定向创业培训服务，在省级每培训1人补助培训机构800元基础上，市级再按每人800元的标准给予补助。

五、完善创新创业配套服务

24. 支持申请发明专利。对相应的发明专利给予一定规模的补助。

25. 支持科研成果转化。科技人员就地转化科技成果所得收益，可按至少70%的比例奖励给技术成果完成人以及对技术成果转化有突出贡献的人员，有合同约定的从其约定。科技人员可以高新技术成果或知识产权作为无形资产入股创办科技型企业，所占注册资本比例最高可达100%。

26. 鼓励保险机构开展科技保险业务。对符合一定条件的保险机构，给予科技保险保费收入20%的补贴。

27. 政府采购向创新产品和服务倾斜。

28. 支持举办各类创业宣传活动。对社会力量举办的创业训练营、创新创业大赛、创客成果展等活动，经认定为市级重大创业宣传活动的，给予10万元一次性奖励。

29. 表彰奖励创新创业先进典型。对列入“潍坊市专业技术创新人才工程”的创新人才，到国内外重点高等院校或科研院所进行研修的，提供研修学习费用补助。设立“市政府创业奖”，对作出突出贡献的创业者和集体给予表彰奖励，激发全民创新创业热情。

30. 优化创业审批服务。实行创业项目“一口受理、并联审批、一站服务”，简化登记手续，提高服务效率，审批结果在网上即时发布。

# 第 九 章

# 构建适应“双创”发展的金融体系

当前，我国“双创”发展进入加速时期，新技术、新业态、新模式竞相迸发，科技成果加速转化，对我国金融体系的功能、形式、层次提出了新的要求。我们需要积极适应“双创”发展的要求，分析金融体系推进“双创”的作用机理，确立金融体系支持“双创”的基本原则，建立与之匹配的金融体系：一方面，做好存量改革，让更多金融资源流向创新创业；另一方面，积极做大增量，促进金融市场充分竞争，增加有效金融供给，引导各方资本转化为促进创新创业的金融资本，积极创新金融服务组织和模式，建立适应“双创”需求的多层次、多元化、功能型金融体系，努力提升金融服务质效，下沉金融服务重心，提高金融服务效率，不断提升“双创”企业的金融服务可获性和覆盖率。

## 第一节　全面、有效的金融体系在推进“双创”中的作用机理

创新创业是一项具有“高风险、高投入、高成长”特征的活动，离不开金融体系的支持。全面、有效的金融系统能够为创新创业提供良好的融资方式并分散风险，在继续深入推进“双创”进程中具有重要的支撑和促进作用，是创新创业系统的另一重要组成部分。在支持创新创业方面，金融体系具有独到的优势，能够解决创新创业者的资金需求，分散创新创业的风险，为创新创业者提供宽松的创新环境，提高创新创业的成功率。金融体系促进创新创业的作用机理如下：

## 一、金融体系解决创新创业的资金需求和分散风险

创新创业企业的特点是中小企业多、大企业少，专业性强，不确定因素多，具有较大的风险。在融资方面呈现出“小、散、专”的特点，知识产权等“软资产”较多，固定资产等传统实物抵押品少。金融体系包括股权、债券、风险投资等方式，银行、证券、保险、基金等众多金融机构能够提供多元化的融资方式，从不同方面、不同阶段满足创新创业者的资金需求，分散风险，解除后顾之忧，提高创新创业发生的频率和成功的概率。

## 二、金融体系可为创新创业主体提供增值服务获取高收益

传统和成熟行业只需金融体系提供资金服务，但是创新创业不确定性大，具有较大的技术风险和市场风险，情况非常复杂，在创新创业生命周期中不仅需要资金支持，而且需要技术应用、市场开拓、公司管理等方面的支持。因此，金融体系对“双创”的支持不能和对传统行业一样，除满足资金需求外，还需要提供商业模式、市场开发、公司治理、再融资以及发展战略等增值服务，帮助创新企业提升科技创新的能力、商务模式优化及扩张的能力、公司治理构建及执行的能力、社会资本运用的能力、获得政府支持的能力，帮助企业分散和化解风险，提高创新创业的成功率。金融体系自身也可在为“双创”服务过程中获得高收益。

## 三、金融体系支持创新创业的示范效应

金融体系，特别是资本市场，对高新技术企业通过点对点的支持，可以培育一批具备较高创新能力的高科技企业，树立起产业转

型的标杆，其所显示出来的持续爆发力会激励和引领更多的企业成为科技创新的龙头。与此同时，资本市场还可以起到以点带面的作用。能够上市的科技型中小企业毕竟是少数，但它们的上市可以带动风险投资，以及专门针对中小企业、高科技企业的银行信贷创新工具等各种金融支持手段的发展，可以激发全社会的科技创新、科技创业的热情，从而起到调整结构、助推创新和优化资源配置的作用。

## 第二节　构建适应“双创”发展的金融体系的基本原则

金融体系是指一个经济体中资金流动的基本框架，是资金流动工具（金融资产）、市场参与者（中介机构）、交易方式（市场）等各金融要素构成的综合体，金融体系演化与创新创业发展存在密切的耦合关系，高效的金融体系对提高创新创业绩效具有重要意义。为适应“双创”发展的需要，应建立多元化、多层次的金融体系，加强金融体系服务的精准性以及提高金融体系对创新创业试错过程的包容性。

### 一、金融体系应具有多元化、多层次的特征

支持“双创”的金融体系应该是多元化、多层次的，以满足“双创”主体复杂的金融服务需求。不同经济发展阶段的经济体具有不同的要素禀赋结构，处于不同经济发展阶段的实体经济对于金融服务的需求存在系统性差异，推动创新创业发展必须要建立与之相

适应的金融体系。创新创业发展有别于以往的投资驱动和要素驱动发展模式，对金融体系提出了有别以往的金融服务需求，而我国现有金融体系服务对象多为大企业和成熟企业，针对创新创业发展的生力军（如初创型和科技型中小企业等）的资金支持严重不足。处于不同发展阶段的“双创”主体面临的创新特征、风险特征各不相同，需要多元化、多层次的金融服务体系支持创新创业的各个环节。“双创”主体遇到资金筹集、资源整合、技术定价、项目遴选、信息甄别、委托代理等诸多方面难题，而解决好这些难题更需要一个完善的金融体系。

## 二、金融体系的服务应具有精准性

金融体系支持创新创业，是指金融体系对“双创”主体发展的各个阶段，包括种子期、初创期、成长期和成熟期所面临的技术风险、市场风险、产品风险、融资风险、管理风险和政策风险的动态管理过程。企业技术创新过程各个环节会存在不同风险，由此使得企业对金融服务的需求存在较大差异。因此，金融体系支持创新创业的重点在于实现创新链和融资链的良好匹配，针对创新创业各阶段的特点给予精准服务，满足创新创业主体的需求。金融体系支持创新创业的路径，是金融体系根据创新创业各阶段的创新特征、产品特征、风险特征在资金需求和资金来源上的动态匹配过程。具体而言，金融体系支持路径如下：一是种子期“双创”主体主要面临技术研发和产品概念验证的技术风险，总体风险最高，需要更大风险偏好和风险容忍度的天使资金和政府资金支持；二是初创期“双创”主体主要面临技术中试的技术风险和产品试制的产品风险，需要风险偏好较高的创业投资和私募资本投资支持；三是成长期“双创”主体主要面临技术工业性试验的技术风险和产品商业化的市场风险、产品风险和管理风险，此时风险较低，需要风险投资、股票市场和银行贷款的融资支持；四是成熟期“双创”主体主要面临较低的技术改进的技术风险和产品质量管理面临的经营风险、产品风险、市场风险，此时企业总体风险最低，主要需要股票市场和银行贷款资金支持。另外，创新创业过程所需的融资模式也是动态演进的。“双创”主体发展前期更多需要股权融资，发展后期更多需要债权融资。因此需要建立支持“双创”主体从初创期到成熟期，对企业技术风险、市场风险、产品风险和管理风险的全过程全覆盖的金融体系。

## 三、金融体系应该具有较高的风险分担能力和较强的风险容忍度

“双创”主体普遍存在“高风险、高投入、高成长”特征，适应“双创”的金融体系首先要有较强的风险管理职能，通过促进金融链、创新链和产业链的融合，成为落实科技与金融结合、实现创新驱动发展战略最重要的切入点和着力点。有效金融体系需要通过发挥其动员储蓄、管理风险、处理信息、便利交易、公司治理等金融服务功能，对创新创业的潜在价值和市场潜力进行风险识别，进而实现创新资源和金融资源的有效对接。金融中介和金融市场通过吸收创新创业的风险，支持了技术进步、产业创新进而促进了经济增长。金融体系通过建立“风险共担、收益共享”机制，一方面使得承担高风险的投资人分享了创新创业的高收益，进而吸引更多资金投入到创新过程；另一方面通过分担风险，分散了创新创业风险。金融体系还应对“双创”活动具有更大的风险容忍度，有能力应对

“双创”主体由于高研发投入、低资产抵押物导致的技术风险和市场风险。需要更多的金融服务支持“双创”主体发展前期的种子期、初创期。需要金融体系增强对“双创”主体创新试错和创业失败的包容性和容忍性。创新创业发展需要金融体系积极优化风险配置和提高风险管理能力，通过金融创新降低创新创业的试错成本，进而提升金融体系的风险容忍度，使金融体系有能力支持更多创新创业活动鼓励更多投资者参与创新投资。

## 第三节　支持“双创”金融体系的主要内容

发挥金融体系对创新创业的重要助推作用，应开发符合创新需求的金融产品和服务，大力发展创业投资和多层次资本市场，完善创新创业和金融相结合机制，提高直接融资比重，形成各类金融工具协同融合的创新创业金融生态。

### 一、扩大创新创业投资规模

第一，扩大政府资金用于“双创”。全面实施国家科技成果转化引导基金，吸引优秀创业投资管理团队联合设立一批创业投资子基金。壮大政府创业投资引导基金规模，充分发挥国家新兴产业创业投资引导基金和国家中小企业发展基金的作用，带动社会资本支持高新技术产业发展。

#### 政府引导基金加快设立运行

自“双创”概念提出后，创投行业迎来历史上最好的发展时期，行业地位大幅上升。无论是政策的支持力度，还是业务实践状况，都有很好的发展前景。受创投行业火爆的影响，全国各地近些年纷纷设立政府引导基金支持创投行业发展，呈现出“遍地开花”的趋势。

大型政府引导基金纷纷涌现。根据投中数据，截至 2016 年年底，全国目标规模百亿元以上的引导基金共有 45 只，披露总目标规模为 13637.2 亿元，其中国家级 5 只，总规模为 2760.2 亿元，省级 15 只，总规模为 4275 亿元。从区域分布来看，目标规模百亿元以上的基金主要集中在华北和华东地区，华北地区总规模为 5360.2 亿元，在全国目标规模百亿元以上基金中占比为 42.4%。此外，2016 年设立的目标规模百亿元以上基金共 31 只，总规模为 8700 亿元，超过此前设立的总和。最早期的政府引导基金多数是直投的，管理的规模也比较小，现在政府引导基金从直投基金转向了发起设立母基金，和过去相比规模也要大得多。

政府引导基金的运行模式基本得到各地政府认可，且在北京、深圳等地效果显著。政府引导基金以出资人的角色参与到新经济的风险投资过程中，并通过杠杆作用，撬动更多社会资本共同参与。从政府来讲，就是要支持当地的中小企业发展，在资金层面有一定规模的放大，并且委托专业机构来管理、发挥市场作用，通过设立不同的风险投资基金和股权投资基金来支持中小企业的直投。政府引导基金发展到今天，一个重大的变化就是政府的出资已经纳入到预算，出资额也越来越大。

第二，引导社会资金支持“双创”。发展天使投资、创业投资、产业投资，壮大创业投资规模，强化对种子期、初创期创业企业的直接融资支持。研究制定天使投资相关法规，鼓励和规范天使投资发展。引导保险资金投资创业投资基金，加大对外资创业投资企业的支持力度，引导境外资本投向创新领域。

2016 年以来，国内创业投资市场发展十分迅速，机构数量也大幅增加。截至 2016 年底，我国私募股权投资市场中活跃的投资机构达 1 万家，管理资本量超过 7 万亿元，按此规模计算，中国已经成为全球第二大股权投资市场。其中，创业投资机构数量近 3500 家，管理资本量接近 2 万亿元。反观 2015 年，创业投资机构数量还只有 2500 多家，管理资本量 1 万亿元。

从目前来看，我国创业投资发展呈现出以下四个方面的特征：

投资项目估值趋于理性。2016 年我国创业投资机构共发生 3683 起投资案例，所披露的投资金额约为 1313 亿元，投资案例数与投资金额均略微超过 2015 年的水平，而单项投资规模有所下降，平均投资金额为 3839.04 万元，项目估值逐渐趋于理性。

创业投资从流量式电商创业向技术型创业转变。根据对我国创业投资机构的行业分布情况分析，2016 年我国创业投资主要分布于 23 个一级行业。其中，互联网行业在投资案例数、投资金额方面虽然位居首位，但比例较上年明显下降，分别降低 7.6 个和 6.2 个百分点。而信息技术、生物技术/医疗健康行业发生的投资案例数和投资金额快速提升，超越电信及增值业务，位居第二、三位。其中信息技术行业发生的投资案例数和投资金额所占比重分别较上年同期上升 2.5 和 5.4 个百分点，生物技术和医疗健康领域发生的投资案例数和投资金额所占比重分别较上年同期上升 2.9 个和 2.8 个百分点。

投资阶段以早期项目为主。统计数据显示，2016 年我国创业投资机构投资于种子期的案例数占15.2%，投资于初创期的案例数占到38.6%，二者合计达53.8%。可见，国内创业投资的投资阶段以早期为主，为创业企业提供了大量起步资本。从投资金额分析，种子期和初创期的平均投资分别是0.17亿元和0.30亿元，明显少于扩张期和成熟期的项目。由于种子期和初创期单个项目平均投资金额小，因此早期投资阶段的投资总规模不大，早期项目合计获得投资为482.78亿元，只占到创业投资机构对外投资总额的36.8%，与上年基本持平。

我国创业投资机构主要投资地域集中分布在北京、上海、深圳、浙江等东部发达地区。凭借着人才、资金和政策等优势，北京市稳居国内创业投资市场第一的位置。2016年北京市共发生1106起投资案例，占到全国案例总数的30%，获得投资金额459亿元，占到全国创投机构已披露对外投资总额的35%。紧随北京之后便是上海，同期共发生620起投资案例，获得227.15亿元的创投资金。接着是深圳市和浙江省，分别发生376起和324起投资案例，各获得100多亿元的创投资金。由此可见，京沪深浙四地的投资案例合计占到全国创业投资事件的65.9%，投资金额也占到全国总投资金额的69.4%，远超全国其他地区。

## 二、发展支持创新创业的多层次资本市场

第一，拓宽创新创业企业在资本市场上的融资渠道。支持创新创业企业进入资本市场融资，完善企业兼并重组机制，鼓励发展多种形式的并购融资。深化创业板市场改革，健全适合创新型、成长型企业发展的制度安排，扩大服务实体经济覆盖面。强化全国中小企业股份转让系统融资、并购、交易等功能。规范发展区域性股权

市场，增强服务中小微企业的能力。

第二，加强各类资本市场的融合。打通各类资本市场，加强不同层次资本市场在促进创新创业融资上的衔接，积极推进高收益债券及股债相结合的融资模式。积极发挥沪深交易所股权质押融资机制作用，支持符合条件的创新创业企业主要通过非公开方式发行公司信用类债券。支持符合条件的企业发行项目收益债，募集资金用于加大创新投入。

为满足创投企业多元化的融资需求，2016 年起，创业投资企业可在银行间债券市场以公募的方式发债融资，将募集资金用途扩大至补充创投基金的资本金和股权投资。同时，战略性新兴产业企业在银行间债券市场融资规模不断扩大，截至 2016 年年底，创投类企业累计发行债务融资工具 8 只共 35.4 亿元；共有 769 家战略性新兴产业企业在银行间债券市场累计募集资金 7.2 万亿元。

## “双创”债稳步发展

“双创”债——中小企业私募债的 2.0 版本，即全称为创新创业公司债券，也称“双创”公司债。

2012 年 5 月，交易所出台《中小企业私募债券业务试点办法》，新三板企业开始发行中小企业私募债。当时试点的中小企业私募债券，在发行人门槛、审批速度等方面和其他债券品种相比优势突出，成为中小企业融资的重要途径。据不完全统计，已有 30 余家新三板公司计划或发行私募债，总融资额接近 20 亿元。2015 年 1 月，证监会发布修订后的《公司债券发行与交易管理办法》，将公司债发行范围由上市公司扩大到所有公司制法人主体。随后，沪深交易所废止了中小企业私募债券暂行办法。2015 年 10 月，中小企业私募债并入公司债的范畴，不再单独备案。2016 年 3 月，全国首批创新创业公司债券在上交所发行，由“16 苏方林”“16 普滤得”和“16 苏金宏”三单公司债券组成，发行人均为新三板挂牌公司。2016 年 6 月，证监会成立“双创”债券专项小组，统筹推动“双创”债券试点发展。2017 年 5 月，“双创”债还进入除交易所市场之外的银行间债券市场。银行间市场首单“双创”专项债务融资工具——成都高新投资集团有限公司 2017 年度第一期“双创”专项债务融资工具发行。其注册金额 10 亿元，首期发行 5 亿元，期限 5 年，发行利率 5.6%。2017 年 7 月，证监会发布《中国证监会关于开展创新创业公司债券试点的指导意见》，“双创”债将步入常规发行，纳入地方政府金融支持体系，下一步证监会将继续推广试点工作。

## 三、促进创新创业金融产品和服务创新

第一，努力探索新的融资模式和融资方式。深化促进创新创业和金融结合试点，建立全过程、多元化和差异性的创新创业融资模式，鼓励和引导金融机构参与产学研合作创新。在依法合规、风险可控的前提下，支持符合创新特点的结构性、复合性金融产品开发，加大对创新创业活动的金融支持力度。选择符合条件的银行业金融机构，为创新创业企业提供股权和债权相结合的融资方式，与创业投资机构合作实现投贷联动。

### 投贷联合支持“双创”

2016 年 4 月 20 日，银监会和科技部、人民银行联合印发《关于支持银行业金融机构加大创新力度开展科创企业投贷联动试点的指

导意见》，允许有条件的银行在依法合规、风险可控的前提下，对科技创新创业型小微企业试点探索投贷联动融资服务 。目前，国家开发银行与中关村管委会、中关村科技担保公司合作，成功建立起“投、担、贷”联动合作模式，利用已有的投资平台，率先在北京中关村国家自主创新示范区开展全国首笔投贷联动业务。截至2016年底，该行已累计实现5个投贷联动项目落地，投资金额4600万元，实际发放贷款金额1.06亿元。中国银行在本行投贷联动框架下的“我投我贷”模式贷款余额3.1亿元，投资3.3亿元；与外部投资机构合作的“他投我贷”模式贷款余额6.8亿元。

第二，积极引导各类金融机构进行产品和服务创新。充分发挥政策性银行作用，在业务范围内加大对创新创业活动的支持力度；引导银行等金融机构创新信贷产品与金融服务，提高信贷支持创新创业的灵活性和便利性；支持民营银行对中小微企业创新需求的金融产品创新；加快发展创新创业保险，鼓励保险机构发起或参与设立创新创业投资基金，探索保险资金支持重大科技项目和科技企业发展；推进知识产权证券化试点和股权众筹融资试点，探索和规范发展服务创新创业的互联网金融。

### 商业银行积极创新支持“双创”

“双创”提出以来，多家商业银行积极尝试金融创新，先后推出多款针对“双创”企业的专属信贷产品。例如，中国银行推出针对科技企业的专属融资模式——“中关村模式”，从业务营销、授信审批、风险管理各个环节实现创新，目前已累计为2956户中小科技企业提供授信，发放贷款296亿元。中国邮政储蓄银行依托财政风险补偿基金，截至2016年12月末，发放科技产业链贷款余额达30.05亿元，并在“双创”示范城市（包括财政部“双创”基地城市和中国科协创新驱动示范城市）发放小微企业创新创业贷款，贷款余额10亿元。浦发银行推出“科技创客贷”，这是浦发银行针对初创期及成长期的科创小微企业及创业者个人设计的信用贷款，采取定性与定量相结合的多维度评价体系，从而更为全面评估创客群体的成长性，并由此形成打分表，根据打分情况，给予科创小微企业或企业主个人的信用贷款额度。建设银行专项营销推高“双创”服务热度。建行在系统内开展了“创新创业示范基地”专项营销活动，积极对接政府部门，走访行业协会、创客群体，充分调动社会各种力量服务“双创”的热情与热度，形成了一系列独具特色的“双创”服务品牌。如“芝麻开门创客汇”“创客沙龙日”“蓝色梦工厂创客大赛”及“创客训练营”等“建行创客行”系列活动，将“融资”与“融智”有效结合，为创新创业主体提供资金支持、品牌传播、技术指导和业务交流。

## 政策性银行支持“双创”推进

开发性和政策性银行发挥自身优势，努力支持“双创”发展。一是国家开发银行发挥开发性金融优势支持科创企业发展，2016年发放科技型企业贷款262亿元，相关贷款余额724亿元。二是进出口银行积极扶持初创期企业和创业型小微企业的发展，截至2016年12月末，该行小微企业贷款余额2653亿元，较年初增加975亿元；通过项目推荐机制，对28个科技部推荐的重点“双创”项目累计发放贷款131.5亿元。三是农业发展银行重点支持农业科技成果推广应用（主要包括种业、农机、节水灌溉以及粮油生产实用技术等4个领域），助推农业供给侧结构性改革，2016当年共投放农业科技贷款52.54亿元，贷款余额为62.15亿元；“双创”三年行动计划及新型产业”类项目114个，贷款金额达86.8亿元。

第三，加强应对风险的能力和建立支持创新创业的服务平台。完善金融体系对创新创业支持的风险分担和风险分散机制，提升金融体系对技术创新和创业的风险容忍度，增强金融体系对创新试错过程的包容性；推进各具特色的孵化器、众创空间、大学科技园等创新创业平台的建设，集聚科技资源和金融资源，打造区域创新创业金融服务品牌。

## 创业担保机制逐步健全

2016年，全面贯彻落实《国务院关于促进融资担保行业加快发展的意见》(国发〔2015〕43号）的精神和要求，加快发展主要为小微企业和“三农”服务的新型融资担保行业，完善政府性融资担保体系，扩大创业融资新渠道。为此，在中央和地方政府的大力支持下，2016年的融资担保行业出现新亮点。一是政府性融资担保机构的数量和规模不断增长，据初步统计，截至2016年末，政府性融资担保机构的数量占比已接近40%、资本规模占比已超过50%、担保业务规模占比超过70%；二是各地省级再担保机构已基本建立，安徽、重庆等省（区、市）已初步建立起统一、规范的政府性融资担保机构服务体系；三是北京、上海等地通过大力发展政策性科技融资担保机构、设立中小微企业政策性融资担保基金等为科技型中小微企业提供融资担保服务，积极支持当地“高、精、尖”产业发展和国家自主创新示范区建设。

此外，人民银行会同财政部和人社部出台《关于实施创业担保贷款支持创业就业工作的通知》，扩大创业担保贷款支持对象，将最高贷款额度统一调整为10万元，延长贷款期限，人民银行各分支机构积极协调地方政府有关部门，结合辖区实际推动创业担保贷款政策落地实施。截至2016年底，创业担保贷款余额为964亿元，全年累计发放719亿元。

## 第四节　构建支持“双创”发展金融体系的政策建议

金融体系支持创新创业发展的过程是金融链与创新链相互融合、相互促进的过程。需要优化金融结构，激发金融机构活力，建立以金融市场为主导的金融体系，激发各个金融市场主体参与创新创业的积极性，建立全周期的创新融资支持链；建立完善金融体系风险分担机制，强化金融服务功能，增强金融体系对创新试错过程的包容性；需要强化金融机构风险配置和风险管理的能力，完善风险补偿机制。

### 一、针对“双创”金融特点加强顶层设计和激励机制设计

#### （一）金融支持“双创”需要顶层设计的大胆突破

构建创新创业金融支持体系必须从国家战略的高度进行部署，而不是仅仅对传统商业金融体系的简单修补调整，必须要实现金融支持创新创业顶层设计的重大突破。在法律制度上，针对“双创”

金融的特点制定和优化相关法律法规，赋予金融支持创新创业合法性，合理限定“双创”金融的风险边界。在管理制度上，统一整合有关部委、监管机构及地方政府对“双创”金融的管理办法，形成一套简明高效的“双创”金融管理制度，规范目前分散的“双创”金融监管体系。积极培育“双创”金融市场环境与创业金融主体，实现政府职能转变，简政放权，充分释放“双创”金融的活力。

### （二）建立与“双创”金融相适应的激励绩效考核和尽职免责机制

金融机构需要加快制定和完善与服务“双创”相适应的考核激励和尽职免责机制，制定科学、合理、可操作的实施细则，真正把不良贷款尽职免责制度落到实处，切实提高基层员工服务初创期创新型企业的积极性。各级监管部门要加强对金融机构考核激励与尽职免责机制建设情况的督促与跟踪。

### （三）差异化监管以激发金融机构支持“双创”的内在动力

监管部门需要综合运用各种监管手段，引导和督促金融机构支持大众创新创业。将金融机构支持“双创”工作的情况及实绩与机构监管评级、市场准入和高管履职评价挂钩。支持符合条件的银行、资产管理公司等金融机构发行专项金融债，用于科技型小微企业贷款和相关资产证券化产品。进一步完善小微企业金融服务评价机制，将金融机构支持小微企业创新创业绩效作为一项重要内容纳入评价体系。

## 二、围绕“双创”需求创新金融产品、提供综合金融服务

### （一）整合现有资源择机成立“‘双创’银行”，丰富有利于创新创业的金融业态

我国没有真正意义上的专门服务于创新创业、科技金融的专业

银行机构，国家可考虑在牌照申请、资本要求等方面给予一定扶持，将经营较好的一些科技银行进行合并重组，或将具有科技银行属性的中小商业银行改革为“‘双创’银行”，通过制定清晰的战略目标，重点支持普惠性“双创”活动。加强“‘双创”银行”与天使投资、风险投资、股权投资基金等机构合作，实现资源和信息共享，提高对企业识别能力，缓解信息不对称问题。

### （二）探索支持“双创”企业的有效金融产品和服务模式

银行业需要结合自身特点和实际，积极开展科技和金融结合试点。鼓励商业银行丰富“双创”信贷产品体系，创新“双创”金融服务模式。开发和完善适合“双创”企业融资需求特点的授信模式，积极为“双创”企业提供开户、结算、融资、理财、咨询、现金管理、国际业务等一站式、系统化金融服务，为不同发展阶段“双创”企业提供适宜的金融产品。加大金融产品和服务创新，从技术引进、产品研发与试验等多个层面提供更加符合“双创”企业需求的融资产品和服务，从创业指导、投资者推荐、资金管理、国际化发展和并购咨询等多个维度全方位满足企业不同发展阶段的差异化金融需求。创新风险管控模式，积极开展知识产权质押贷款等产品创新，提高信贷风险容忍度。以“银行贷款+认股权证”的创新融资服务方式，为初创期轻资产“双创”企业提供银行信贷资金支持。充分发挥政策性银行作用，在业务范围内加大对企业创新活动的支持力度。引导银行等金融机构创新信贷产品与金融服务，提高信贷支持创新的灵活性和便利性，支持民营银行面向中小微企业创新需求的金融产品创新。加快发展科技保险，鼓励保险机构发起或参与设立创业投资基金，探索保险资金支持重大科技项目和科技企业发展。推进知识产权证券化试点和股权众筹融资试点，探索和规范发展服务创新的互联网金融。建立知识产权质押融资市场化风险补偿机制，简化知识产权质押融资流程，鼓励有条件的地区建立科技保险奖补机制和再保险制度。开展专利保险试点，完善专利保险服务机制。推进各具特色的科技金融专营机构和服务中心建设，集聚科技资源和金融资源，打造区域科技金融服务品牌，鼓励高新区和自贸试验区开展科技金融先行先试。支持各地众创空间、孵化器建设。通过传统园区建设贷款或与政府共同设立孵化器基金的形式，满足众创空间、孵化器园区建设的融资需求，并向孵化器在孵企业提供信用贷款。

**（三）积极开发金融产品，拓宽“双创”企业融资渠道**

引导银行、证券、保险、风投、担保等各类金融机构、创新投资机构、中介服务机构设立“双创”企业专营机构，提供切实可行、操作性强的金融产品，帮助和指导“双创”企业通过抵押担保进行融资，以及开展知识产权（商标、专利权）、股权、仓单、订单、应收账款和票据等质押贷款，适当扩大质押贷款规模。支持“双创”企业通过发行集合债券、集合票据、短期融资券等融资产品进行直接融资，放宽对“双创”企业债券融资的额度限制，扩大发行规模，并对发行企业债券、信托计划、中期票据、短期融资券等直接融资产品的科技型企业给予社会筹资利息补贴。

**（四）稳步扩大投贷联动试点范围**

投贷联动不仅能够提升银行业对“双创”企业金融供给能力，而且也有利于促进银行自身转型发展。当前，我国投贷联动试点已进入实施阶段，可稳步推广试点范围。加快批复试点银行的投贷功能子公司，促进投贷联动试点规范稳健发展。投资子公司应明确重点投资领域，加强与中介机构合作，选择市场前景良好的目标客户，做好投资业务与信贷业务的风险隔离。试点银行应尽快建立完善风险分担和补偿机制，明确银行、投资功能子公司、政府贷款风险补充基金、担保公司和保险公司等机构之间的不良本金分担补偿机制和比例，降低相关信贷风险。

（五）深入推进贷款方式和还款方式创新，更好地适应“双创”金融需求

在贷款方式方面，银行应针对创新创业阶段企业轻资产、缺担保等实际情况，转变传统信贷理念，创新贷款担保抵押方式，拓宽企业贷款抵质押物范围，大力推进各类权利质押贷款，力争在专利权、农村“三权”抵押等方面取得新突破。在风险可控的前提下进一步推进信用贷款方式，努力提高信用贷款比重。积极引导涉农机构大力拓展小额农户信用贷款，推广微贷技术在农村地区的运用。在还款方式方面，银行应在加强信贷精细化管理、最小化期限错配基础上，进一步探索年审制等还款方式，对符合依法合规经营、信用资质较佳、经营状况良好、主营业务突出、对外负债适度、业主行为规范等良好标准的“双创”企业提供相应的还款方式创新服务，实现信贷供给与企业生产流通融资需求的无缝对接。探索借助中小企业转贷引导基金等新型机制，缓解企业期限错配带来的续贷难问题，降低融资成本。

（六）加强社区化服务能力，对接大众创新创业

下沉金融服务重心，降低金融服务门槛，提高金融服务覆盖面。银行应结合市场定位和各自特色，积极探索社区化金融服务模式。围绕服务大众创新创业，下沉服务重心，降低服务门槛；依托社区，开展批量化营销业务，努力降低营销成本，从而降低企业融资成本，为“双创”群体提供资金融通、风险规避、财务管理、资产保值增

值等一揽子金融产品。强化“以客户为中心”的服务理念，按照商业可持续原则和互惠互利原则，科学合理定价，规范收费行为，尽可能减轻企业融资负担，构建良性互动的长期合作关系。

（七）银政、银担、银保加大合作

银政合作方面，发挥财政资金撬动作用，与科技部门、国家高新区、经济技术开发区等合作，以“助保贷”为切入点，搭建服务平台，通过平台资源整合、财政科技资金风险补偿、综合金融服务三个方面，以市场化方式推动金融支持“双创”企业。金融机构要主动对接政府部门支持创新创业的战略、平台和项目，借助政府主导的信用担保基金、科技型企业信用贷款风险池等增信机制，推进信用贷款试点，使更多的创新创业者能获得信贷支持。银税合作方面，以“纳税信用”享“银行信用”。对于初创期小微企业，银行与税务部门建立以征信互认、信息共享为基础的银税合作机制，将其纳税信用、税收贡献与企业融资发展相联系，纳税信用级别越高，纳税金额越多，贷款额度就越大，而且贷款仅以纳税信用为担保，帮助诚信纳税、规范经营的“双创”客户轻松获得贷款。银担合作方面，探索多种风险共担机制。探索“政府+银行+第三方”多种风险共担机制，如创新“比例再担保”融资方式，政府给予部分财政支持、担保机构提供部分担保责任，引入再担保公司提供再担保，银、政、担多方合作增信，帮助很多轻资产的“双创”企业克服抵质押物价值不足瓶颈，提升企业信用和可贷额度。按照“风险共担、利益共享”的原则，加强与运作规范的融资担保机构的合作，增强大量缺乏有效抵押和第三方担保的创新创业者的信用，提高其获取银行融资的能力。加强与保险机构合作，建立合理的风险分担机制，通过“银、政、保”风险共担模式，着力推进小额信用保证保险业务。地方政府可构建以政策性担保机构为主体，商业性担保机构、互助性担保机构为辅助、再担保机构为后盾的信用担保体系。

（八）推动“互联网+”与“双创”金融融合发展

金融机构应适应“互联网+”的新格局、新态势，紧紧依托众创空间、小微企业创业示范基地、商贸企业集聚区、微型企业孵化园等创新创业集聚区，以及创客小镇、梦想小镇、互联网小镇、云计算产业小镇等特色小镇，充分利用互联网、大数据，不断提供契合新形势下大众创新创业需求的金融服务，为创新创业者提供贴身服务。主动对接各类科技创新服务平台，打通线上线下金融服务链条，为创新创业提供高效金融服务。探索与第三方支付机构、第三方电商平台规范开展合作。大力探索农村互联网金融，为农户提供方便、快捷、低成本的综合性金融服务。充分利用互联网、大数据、云计算等技术，在大数据、移动金融和社交等领域积极尝试与应用，通过大数据分析挖掘“双创”企业客户群体的需求，开展精准金融服务。充分运用各地税务、工商等部门掌握的大数据信息，为小微企业提供信用贷款，扩大“税易贷”“创业贷”等特色产品覆盖面。

（九）针对科技型“双创”企业融资需求设计金融产品

在数量巨大的“双创”企业中，科技型小企业占据了很大比例，服务这类企业时，金融机构不应像传统企业那样锦上添花，更多的应是雪中送炭。金融机构需要量身定制金融产品，综合考虑企业专利申请、拥有量、专利应用情况、科技产品独创性、获得政府科技补贴金额、承接政府高校研究项目数量、科研人员占比等科技企业独有特性，将知识产权、非上市公众公司股份作为可接受押品研发科技企业发展贷款、上市贷、创投贷、科技智慧贷、科技投联贷等一系列产品，解决“双创”企业轻资产、无抵押、融资难的“痛点”和“难点”。深化促进科技和金融结合试点，建立从实验研究、中试到生产的全过程、多元化和差异性的融资模式，鼓励和引导金融机构参与产学研合作创新。在依法合规、风险可控的前提下，支持符合创新特点的结构性、复合性金融产品开发，加大对企业创新活动的金融支持力度。

### （十）为“双创”企业提供综合性金融服务

金融机构通过债券、咨询、理财、基金、租赁等多种方式为客户提供全面金融服务。创设创新创业服务联盟践行整合股权交易机构、券商、股权投资机构、会计师事务所、律师事务所等市场服务主体，通过专业化服务团队，设立创新创业服务联盟，打造信息交流平台，指导和帮助“双创”企业了解、认知金融及资本市场，为科技型企业提供结算、信贷融资、挂牌上市、并购重组、股权转让等全链条一站式服务。将融资与融智有效结合，为创新创业主体提供资金支持、品牌传播、技术指导和业务交流。

## 三、加快发展有利于支持“双创”发展的多层次资本市场

### （一）探索用好“双创”专项债的作用

2016年以来，为进一步优化国内中小企业融资结构、降低融资成本，证监会启动了探索在新三板创新层里进一步推进发行“创新创业公司债”，试点重点是新三板挂牌企业和创新创业中小企业。2017年4月28日，证监会进一步就关于开展“双创”公司债券试点的指导意见公开征求意见，这将推动“双创”债进一步发展，为完善债券市场服务实体经济模式以及创新创业发展提供支持。值得注意的是，“双创”公司债券试点范围，将为“双创”企业提供直接融资服务的创业投资公司也纳入其中，这也是首次从政策上明确创

业投资公司可以发行债券，肯定了创业投资公司通过股权投资支持“双创”企业的作用，为创业投资公司提供了新的融资渠道。

**（二）壮大各类支持创新创业的投资基金规模**

大力培育和壮大包括风险投资基金、创业投资基金、天使投资基金、私募股权基金等创业投资机构，扩大各类基金规模，引导更多资金流向“双创”企业，强化对种子期、初创期企业的融资支持。适度放松风险资本来源的限制，允许风险投资机构采用有限合伙等更灵活的组织方式，研究制定天使投资相关法规，鼓励和规范天使投资发展。利用好财政资金的杠杆和引导作用，吸引更多的民间资本和外国资金进入高新技术领域，扩大国家新兴产业创业投资引导基金和国家中小企业发展基金等政府性基金的规模。全面实施国家科技成果转化引导基金，吸引优秀创业投资管理团队联合设立一批创业投资子基金。充分发挥国家新兴产业创业投资引导基金和国家中小企业发展基金的作用，带动社会资本支持高新技术产业发展。研究制定天使投资相关法规，鼓励和规范天使投资发展。引导保险资金投资创业投资基金，加大对外资创业投资企业的支持力度，引导境外资本投向创新领域。减少政府过度干预，政府在创业投资初期进行引导和示范，后期要择机退出，提高基金的市场化运作水平。

**（三）发展支持创新创业的多层次资本市场**

支持创新创业企业进入资本市场融资，完善企业兼并重组机制，鼓励发展多种形式的并购融资。深化创业板市场改革，推进创业板市场制度创新，明确创业板的功能特征，把主要服务对象准确定位在创新型、成长型企业，健全适合创新型、成长型企业发展的制度安排，进一步扩大其对实体经济的支持力度，扩大服务实体经济覆盖面。按照市场化原则，强化“新三板”的融资、并购、交易等功能，改革交易制度，丰富做市商类型，完善分层管理机制，适当降低投资者门槛，提高市场流动性，促进市场功能的有效发挥。规范发展区域性股权市场，夯实多层次资本市场基础，增强服务小微企业能力。建立健全三板和四板市场的合作对接机制，促进两者协同发展，加强对创新创业支持的有机衔接。开发符合创新需求的金融服务，推进高收益债券及股债相结合的融资方式。发挥沪深交易所股权质押融资机制作用，支持符合条件的创新创业企业主要通过非公开方式发行公司信用类债券。支持符合条件的企业发行项目收益债，募集资金用于加大创新投入。加快发展支持节能环保等领域的绿色金融。进一步健全拓展多层次资本市场，充分运用互联网金融、众筹等创新方式，为创新创业行为提供多元化的融资渠道。

## 四、健全风险分担机制，完善相关配套措施

### （一）完善风险管控模式，建立有利于“双创”金融业务发展的风险容忍、控制和补偿机制

“双创”企业往往具有高不确定性、高波动性、低资产、低担保的风险特征，需要探索设计专门针对“双创”金融的风险管理模式。金融机构需要从全产业链视角出发，扩大抵押物范围，深化与担保机构合作。根据“双创”企业成长状况，完善企业贷款利率定价机制，用贷款利率风险定价和浮动计息规则，动态分享相关收益并降低风险。建立风险分担和信息共享机制，增加金融机构的信贷意愿。可考虑仿效欧洲模式，建立政府公共征信机构，扩大国家风险投资担保基金的规模，探索采用信息共享并联合评审，设立风险补偿资金池实现多方风险共担。

### （二）探索“双创”融资风险分担补偿机制

建立担保基金和市场化风险的补偿基金，通过国家新型创业投

资引导基金、中小企业发展基金建立一个分担创新创业企业风险的分担机制。与中小微企业融资担保基金创新开展贷投联动的合作模式，以进一步扩大科技型小微企业的受益面。

（三）健全融资担保体系，优化融资服务环境

建立融资担保机构的货币资本金补入机制，支持融资担保机构做大、做强，增强为“双创”企业提供融资担保能力。深入推进担保类金融机构重组，打造担保集团，增强担保公司的资金实力，扩大对“双创”企业贷款担保业务。建立健全“政银担企”激励相容与风险分担机制，政府、银行、担保机构按照一定比例出资，设立“双创”企业担保贷款风险补偿基金，对符合条件的“双创”企业担保贷款代偿损失进行风险分担，充分调动银行、担保机构开展“双创”企业融资担保业务的积极性。深化政银合作模式，进一步扩大助贷业务规模，逐步解决“双创”企业信贷抵押难、担保贵的问题。

（四）建设以政府为主体的信用担保体系

国际经验显示，信用担保是政策性金融的职责所在。我国可借鉴德、日等国的经验，结合我国国情，建立涵盖政策性金融机构与政府、中央与地方、担保与保险相结合的多层次融资担保体系。一方面，可考虑由地方政府建立“双创”企业信用担保银行，担保银行与商业银行签订信用担保合同，按照一定比例分担风险责任和承担损失，中央和地方政府为担保银行提供低成本资金支持；另一方面，建立“双创”企业信用保险公司，作为政策性金融机构，为担保银行提供再担保，形成双层担保融资模式。

（五）探索设立全国性的服务科技创新型“双创”企业的专业管理机构

借鉴美国等国家的经验，设置政策性管理机构，如“双创”企

业管理局，统筹安排包括财税补贴、融资支持、法律评估、咨询培训和信息交流等各类科技创新支持政策。此外，还要完善各部门之间的合作协调机制，促进相关政策间的协同。

### （六）加强国际合作提升金融支持“双创”的服务水平

美国、德国、以色列等发达国家在金融支持创新创业方面积累了丰富的经验，印度、俄罗斯等新兴市场国家近年来也加快探索搭建创业金融体系。通过积极对外交流、加强国际合作，有利于进一步吸收借鉴发达国家金融支持创新创业的成功经验，进一步提升中国金融支持创新创业的服务水平。

# 第十章

# 营造有利于“双创”发展的文化氛围

# 第一节　中国传统文化中具有创新创业的基因

## 一、创新创业是中国传统文化的精髓

中华文明有着悠久的创新创业的基因。表现在三个方面：

### （一）创业是一种生存发展的基本常态

号称六经之首的《周易》，历经伏羲、文王、周公和孔子四位圣人之手而完成，是中国上古文化的集大成之作。乾卦明确了宇宙世界万事万物发生、发展、成长、壮大的基本规律，要分阶段、可持续，有可操作性和共享性，即所谓元亨利贞。坤卦讲究规律和实际情况要结合，实事求是。第三卦就讲到创业问题，卦名为“屯”，原文说：“《屯》：元亨，利贞。勿用有攸往。利建侯。”具备创新创业的初心为“元”，假以时日，摸索而形成创业可行路径为“亨”，创业带来的收益为“利”，设计可持续发展的机制为“贞”。元亨利贞是事物发生发展、成长壮大的规律，在条件不具备的时候“勿用”。即使不具备条件，也满怀对未来的向往，积极做准备叫“有攸往”。不具备条件，向下扎根，积蓄力量，这样的心态，这样的努力就是中国人所讲究、所倡导的创业精神。

### （二）创新是有原则、有底线的与时俱进

如何创新？在中国的文化中，世界宇宙还有万事万物发生发展都是具有一定规律的。规律是客观的，是不以人们意志为转移的天理大道。人间正道就是不断的天人合一，以人道遵从天道。

## 《道德经》中的天道与人道

《道德经》第七十七章："天之道，其犹张弓与！高者抑之，下者举之，有余者损之，不足者与之，天之道损有余而补不足。人道则不然，损不足，奉有余。孰能有余以奉天下？其唯有道者。"老子对人类和自然社会发展规律的认识可谓相当深刻。人之道，就是人类社会自然的发展规律呈现出"损不足，奉有余"的基本特征，好的愈好，坏的愈坏，多的愈多，少的愈少的两极分化的马太效应，表现在商业上，就是赢家通吃。这种激烈冲突，势必造成社会矛盾激化，因此老子强调"人之道"要向"天之道"学习，建立兜底机制，建立公平和谐的发展路线。

建立一个比较公平和谐的社会，意味着弱者将得到社会的支援，相比其付出与投入的努力来讲将获得更多，久而久之是否会形成一个较低效率下的均衡点呢？答案是否定的，因为中国文化还有另一个非常重要的内容，就是创新。《大学》里讲"苟日新，日日新，又日新"。事物每天每时每刻都在发生新的变化，这就要求我们不断地把天理大道和实际具体情况结合起来，根据情势的变化，采取必要的策略，在中国的传统文化中，道是基本原则，是要遵守的"不易"，而条件变化，要求行动和策略不断做出调整，这是"变易"和创新。

### （三）创新创业是社会共同选择

传统中国有较为严格的社会分层结构，但在文化共享和建构中却具有严格的一致性，仁义礼智信贯穿于所有人的行为准则中，修齐治平是所有人都适用的成长路径，儒家经典《大学》强调说，"自天子以致庶人，一是皆以修身为本，本立而道生”。以中国文化中最有标志性的孝亲文化为例，就对同一理念下不同社会阶层如何实现孝亲提出了重点和标准。同时中国文化又对社会分层进行了很好的解读，缓解了社会结构固化带来的社会冲突。

## 传统文化内的社会建设与行动逻辑

《孝经》是一部非常重要的儒家经典，它的思想形成了中国基本的社会文化内核，对今天依然有很大影响。《孝经》开篇叫“开宗明义章”，孔子说：“先王有至德要道，以顺天下，民用和睦，上下无怨。”这个治国理政的秘方就是“孝”，“夫孝，德之本也，教之所由生也。身体发肤，受之父母，不敢毁伤，孝之始也。立身行道，扬名于后世，以显父母，孝之终也。夫孝，始于事亲，中于事君，终于立身。”这篇开宗明义讲的就是孝的普遍适用性和重要意义。接着分《天子章》《诸侯章》《卿大夫章》《士章》和《庶人章》分别论述了不同人孝的标准和行动重点，如庶人之孝要求是“谨身节用，以养父母”，对于士提出了更高的要求，“资于事父以事母，而爱同；资于事父以事君，而敬同。故母取其爱，而君取其敬，兼之者父也。故以孝事君则忠，以敬事长则顺。忠顺不失，以事其上，然后能保其禄位，而守其祭祀。盖士之孝也。”把对父母的尊重敬爱推广到工作中，尽心竭力，取得好的效果。而卿大夫的孝要做社会的表率，天子以至诸侯，则强调仁爱、仁政加于百姓，带来社会和谐。中国文化强调统一、内嵌和社会建设，所以具有很强的生命力。

如何看待社会分层？从治理文化起源看，这种分层是基于社会结构中的不同使命而确定的，并没有明显的消费差异。恰恰相反，它在文化设计中对社会的管理层提出很多要求与规范。《论语》第二十章《尧曰》中舜对尧说："尔舜！天之历数在尔躬，允执其中。四海困穷，天禄永终。"舜亦以命禹。曰："予小子履，敢用玄牡，敢昭告于皇皇后帝：有罪不敢赦。帝臣不蔽，简在帝心。朕躬有罪，无以万方；万方有罪，罪在朕躬。"周有大赉，善人是富。"虽有周亲，不如仁人。百姓有过，在予一人。"这段话的大意是你是天命之子，要替天行道，公平正义。如果你没把天下治理好，百姓困顿，你就下岗了。大权在握要小心驾驭，你要犯错，没法领导天下，天下百姓有错，问题可能出在你身上。因此形成了一幅天子爱民，百姓敬官的和谐文化意境。

中国文化建立起一个内嵌的、分工基本明确，有一定结构稳定性和流动性的社会形态，人的社会地位不同，责任压力不同，但没有人可以置身事外，安身立命是中国人的普遍追求。普通百姓要成家立业，建立一个幸福家园，庇护妻儿是中国人的最低创业要求，而有余力者大可追求建功立业、封侯拜相的更高境界。从文化认同层面"自天子以至庶人，一是皆以修身为本"，从社会流动性上看，"朝为田舍郎，暮登天子堂"，从自身发展和路径选择看，踏踏实实练本领，"天下兴亡，匹夫有责"。因此历时几千年，中国人始终是全世界最勤劳、最进取的民族，这和传统文化中的从我做起、担当有为精神分不开，这种文化基因和当代创新创业的理念非常合拍。

## 二、传统创新创业文化的成绩

传统中创新创业文化结出丰硕果实，中国在制度设计和治理创新及科技创新能力方面都取得了突出成绩。

### （一）在制度创新方面中国是全球楷模

中国传统治理理念强调天理伦常，坚持民生为本、民意为天的基本判断；治理方式强调博大精微，从大处着眼，小处入手；从实施机制方面，讲究修心、修身、做人的担当精神，形成了较好的个人信用和社会支持网络；建立科举人才选拔制度，在一个生产力并不发达的人类历史阶段最大限度地动员、组织、协调社会资源，建立起统一、多民族国家，是人类历史上唯一一个文明没有中断的地区。在基层治理创新方面中国也有非常多的优秀案例。

## 阳明先生的基层治理创新

1517 年，阳明先生奉命到南赣剿匪。南赣地区匪患盛行已经有十几年了，阳明先生用了一年零四个月剿灭匪患并重建了当地的社会秩序。阳明先生反对用重兵来剿匪，他强调剿匪要量力而行，并且把剿匪与劝解和疏导结合起来。他首先进行了各种信息公示，如在剿匪之前就写了《祭浰头山神文》，传递出地方环境变成了一个盗贼之乡，不仅是盗贼本身的问题，也有百姓的问题，改变它也不难，就像地方脏了，需要打扫的道理一样。如果大家不肯用功夫，任由下去，山川也将为之蒙羞。其次，阳明先生又给匪盗写了一封公开信，指出他们之中，绝大多数没有十恶不赦的大罪，劝其改邪归正。当匪患最大的问题是没法生活在阳光下，过自由自在的日子，如果回归正常社会，他们就是“新民”。再次，颁布了《乡约》共 16 条，要求大家接纳新民融入社区，融入社会。最后，大力兴办乡学，通过教育移风易俗。阳明先生颁布《教约》，用来指导教学，教学的要点包括考德、歌诗、洗礼和授书。教育孩子、影响大人，真正把教育做成了改造社会的工具。阳明先生的治理方案是卓有成效的。经过一年四个月，原来匪患盛行的盗匪之乡就变成了有规则、有传承的礼仪之乡。他重建基层社会的策略是卓有成效的治本之策。

### （二）在技术创新层面长期领先世界

从技术创新层面看我们的四大发明、创新创造能力和成果长期领先世界。中华文明强调自我更新、自我革新、不断创新。在 1700 年中国人口占世界 23%，GDP 占全球 22%，在 1820 年中国人口占世界 37%，GDP 占全球的 33%，在农业经济主导的传统社会进程中，中国是当之无愧的经济大国、文化强国。

## 第二节　当代中国“双创”文化的继承与创新

近代中国发展没有跟上工业革命的步伐，形成了上百年的发展停顿、外敌入侵的社会动荡期，因循守旧、故步自封、闭关锁国是重要的原因。新中国成立以来，特别是改革开放以来，中国取得了举世瞩目的发展成就，这些成就的取得和 20 世纪 80 年代的农村家庭联产承包责任制改革，90 年代的市场化改革密不可分。80 年代的改革我们破解了思想观念的束缚，开启了农民创业的新篇章，解决了温饱问题。90 年代的改革我们明确了社会主义市场经济发展方向，明确了中国处在社会主义初级阶段，极大地释放了市场活力。可见，改革是促进创新的重要举措。

### 一、经济新常态对创新创业提出新要求

#### （一）新常态呼唤改革与制度创新

当前探索经济新常态下的发展之路依然离不开创新创业精神。

经济转型、速度换挡、市场环境变化、发展阶段变化、人民需求变化要求我们要坚持创新创业精神，求真务实走出有中国特色的发展之路。一方面要看到困难矛盾在积累。国际环境、贸易环境、消费选择都在变化。第一，从产业层面看，新兴国家兴起，供给能力增强，而市场几乎恒定，竞争更激烈。制造业向低成本国家转移趋势更明晰。第二，贸易保护主义兴起，国际贸易环境恶化，美、欧都出现力量不小的逆全球化思潮。第三，消费水平绝对提升，国内缺乏有效供给，消费外溢现象明显，从简单的日常食品消费到出国旅游，从健康体检到医疗保险，以及国际教育和留学都出现大量的消费外溢趋势。另一方面，新的亮点在“孕育”，独角兽企业和瞪羚企业批量涌现，平台公司产生了很大的国际影响力，新的创新创业热潮不断涌现，成为经济转型发展新动力、新动能。传统路径风险增大，成本高企，而新生力量已经成长。在这个大背景下，调整政策，为新的生产力成长开辟道路，打破体制机制障碍，为创新创业营造环境、开辟道路就成为当务之急。

### （二）创新创业文化是保证国家和区域发展的核心动能

发达国家之间存在较大的创业差异，证明创新创业和文化特质相关。20 世纪 80 年代以来，美国的创业活动一直十分活跃，每年新创企业数占同期全国企业总数的比重维持在 22%左右。而同期日本 1981—1994 年每年新创企业数占同期全国企业总数的比重都低于 5%。不同国家是这样，单个国家内部的不同区域也能观察到差异，中国是一个发展水平有很大差异的地区，同一政策倡导下中国不同区域创业活跃度不同，把资源禀赋的差异排除后，创业活力的不同主要来源于文化差异。埃德蒙·菲尔普斯认为，正是大众创业带来了美国的大繁荣。

## 二、“双创”文化的中国特质

在国际社会中，创新和创业是分开表述的。创新包含广泛的领域和内容，但以技术创新为重点，和产业发展方向选择紧密相连，和国家竞争力密切相关。而创业更多和市场主体，特别是中小企业相关联，创业强调的是市场的活力，是对相对稳定的市场结构的补充和修正。把创新创业相结合是中国特色。

### （一）“大众创业万众创新”核心内涵是创造公平的发展机会

经济学是配置稀缺资源的工具，工业社会以来，资本、有组织的创新一度成为经济发展中最为稀缺的资源，享有增长红利。但后工业社会时期，人们的需求已经从对产品功能的需求升级为对服务的体验，从批量化同质消费演进为小众、个性定制化消费，带动生产体系柔性化和智能化，也需要更多的市场主体进入，提供多样化的差异服务。因此未来的经济学很可能面临着从稀缺资源配置到全要素资源优化的转型。让一切劳动、知识、技术、管理、资本的活力竞相迸发，让一切创造社会财富的源泉充分涌流。重要的是发挥大众的智慧，为创新者搭台，为想创业者提供公平的参与机会，降低市场准入门槛就是解放新生产力。

### （二）“大众创业万众创新”的本质是推进以人民为主体的全面改革

改革开放是中国经济社会发展的制胜法宝。20 世纪 80 年代中国推动了农村的家庭联产承包制改革，从 1992 年到 2000 年，不遗余力推动企业的市场化进程，第二次改革是推动中国经济社会发展的关键力量，第一次改革解放了农民，第二次改革为企业家正名。“大众创业万众创新”是中国的第三次大改革，它的广度、深度和影响力度更甚于前两次。发展权是公民的基本权利，以前是政治诉求和表达，而在“大众创业万众创新”的政策逻辑中第一次为所有中国人进行了创新创业的赋能，提供分类个性化的帮助，为市场主体提供参与的机会和平台，支持小微企业、大企业向社会开放资源和市场，不仅有空间支持，有智力支援、法律援助，也有政策扶持和资本参与，发展为了人民，同时人民也是发展的参与者和建设者，发展结果是大家的共同选择。

### （三）“大众创业万众创新”是最根本的惠民之策

建设小康社会不仅是保障全民的基本物质生活水平超过底线，同时要塑造新人，提升参与度、获得感与幸福感。只有向有创业意愿的人开放机会，让所有人有机会、有条件去改变自己，从而服务社会，才是惠民的根本大计。通过参与提升认同感，通过参与提升获得感，通过参与分享成长收益，获得幸福感，提升人力资源总量，为可持续发展奠定基础。

### （四）创业与创新结合激发中国最大竞争优势

中国最大的竞争优势是人才和人力资源丰富，我国适龄劳动人口超过 8 亿人，有 2.6 亿有勇气改变自己命运的农民工，其中 7000 万人是跨省流动。中国是世界制造第一大国，培育了一大批熟练产业工人，有 1.8 亿受过大学教育的人，有 8000 万科技工作者，中国的科研投入和论文产出已经跻身世界前列。可以说中国是世界上人力资源最丰厚的国家，树立人人皆可创新，愿意创业的人能够创业的生态环境，把人力资源存量转变成人力资源红利，中国的竞争优势无可比拟。

创新创业融合在于宏观战略与微观机制的内洽，中国人人创新创业，创造社会财富和追求幸福与中华民族的复兴梦是一致的。由于政府和市场行为选择的差异，并不完全能形成一体的合力，而“大众创业万众创新”有效促进了个人在实现自身价值的同时实现社会价值和国家发展，每个人的梦想汇聚成中华民族复兴的梦想，这标志着中国社会治理能力和水平的提升，“大众创业万众创新”有希望打造出一个强社会、优政府的新治理格局。

创新创业融合是用科技的工具实现社会创新与技术创新的融合，是经济与社会协调发展的体现。通过广泛参与经济社会生活，依托新的网络基础设施，建设新的共享经济等新生产关系，优化社会生产结构，助推适应新经济、新业态、新发展阶段的新生产力发展，中国会走出跨越“中等收入陷阱”的新发展路径。

## 三、“双创”文化具有丰富的多元性

文化主要是指一个群体，或者社会所共享的基本假设、价值观、行为规范和习俗。文化是在长期的历史过程中逐渐形成，具有相对稳定性，对人们的社会心理和行为发挥重要影响。文化对社会行为的影响机制，主要是通过锚定效应。当人们需要对某个事件做定量估测时，会将某些特定数值作为其起始值，起始值像锚一样制约着估测值。对人的决策、机会和风险的判断产生重要的影响。文化形成群体潜意识，是一种非正式的制度安排，是正式制度的基础。正式制度如自由竞争的市场，清晰的产权制度，有利于形成创业的教育体系和扶植创业的银行体系等，在更适宜的制度环境下产生更多的创业活动。非正式制度如有的文化鼓励冒险变革创新，对商机的识别与开发等，会形成不同的态度，促使在某类文化中盛行创业行为，有更活跃的创业活动。

## 传统文化与地域特征下的中国企业家精神

粤商：开放自由，敢于冒险。主要分布在广东珠三角地区，文化特性表现为开放自由、敢于冒险、注重利益、崇尚信誉、为人低调。

潮商：开拓冒险，义利并举。主要分布在汕头、深圳、潮州。上世纪六七十年代潮商崛起于东南亚和我国香港、潮汕地区，涌现出李嘉诚、陈弼臣等一批世界级巨商。

闽商：敢于经商，善于经商。主要分布在福建省一带。唐宋时，闽商为谋生将丝绸、药物、糖、纸、手工艺品等销往世界，走出“海上丝绸之路”。

浙商：见微知著，以小搏大。主要分布在浙江省。浙商文化内涵主要表现为积极中肯的政治态度，敏锐机智的战略眼光，个人自主的文化观念，见微知著、以小搏大的务实精神和勤俭刻苦、自强不息的经营态度。

苏商：薄利多销，细水长流。主要分布于江苏省。苏商大都继承祖业或是技术创业、知识创业。他们以稳见长，重在薄利多销，细水长流。

鲁商：豪爽仗义，忠信谨慎。主要分布于济南、青岛、烟台、威海。山东人仗义、豪爽，文化特征为忠信、尚义、简约、谨慎。鲁商兴盛时曾控制北京乃至华北地区的绸缎布匹、粮食批发零售、餐饮等行业，并控制大连商界。

豫商：善于创业，吃苦耐劳。主要生活在河南以及中原一带。豫商的文化特性主要表现为吃苦耐劳、勇闯市场、善于创业、诚信为本与造福社会。

晋商：善抓机遇，坚毅稳健。主要分布于山西和周边地区。晋商的经营风格主要是坚毅、稳健、守信、通变。重视信息、善于预测、垄断市场成为晋商致富的重要途径。

资料来源：根据互联网信息整理。

## 第三节　培育崇尚创造的创新创业文化

“双创”已有广泛实践，需要注入价值内涵，提供精神给养，让创新创业成为时代潮流，需着力培育崇尚创新创业文化。可在五个方面推进：

### 一、政府优先动起来

政府及相关部门行动能发挥积极社会引领和示范作用。通过不断的改革和制度创新，减少市场准入的阻力，开放更多的市场机会，释放更多的市场活力。为推动创新创业，政府及有关部门同时要把涉企和公民服务抓起来，“蓬生麻中，不扶而直；白沙在泥，不染而黑”，为“双创”塑造良好的社会共识和创业氛围，政府肩负重要使命。同时要鼓励一大批事业单位及国有企业单位率先开展“双创”的试点和示范。在“双创”试点示范企业中，央企的内创和外创项目起到了非常好的激活与带动作用，范围可以继续扩大。只有政府的资源圈、能力圈开始行动了，才能对社会产生更大的号召力量，同时媒体应该行动起来，把更多的注意力、资源配置到“双创”领域，挖掘创新创业案例中的精神内涵，挖掘人人具有的改变自己命运能力的故事，在技能、资讯传播的同时注重创新创业价值挖掘。

## 政府推动“双创”的主要工作

“大众创业万众创新”，由李克强总理2014年在夏季达沃斯论坛上首次提出，2015年正式写入《政府工作报告》，作为一项创新创业的重点工作来推动。国家层面成立推进大众创业万众创新部际联席会议，由29家单位组成，国家发展改革委是此部际联席会议的牵头单位。两年来，国家层面开展的创新创业工作主要有以下几个方面：

一是构建“双创”政策体系。由国家发改委牵头起草的三个文件，一是2015年的两个文件——《关于大力推进大众创业万众创新若干政策措施的意见》（国发〔2015〕32号）——“双创”方面的顶层设计文件；《关于加快构建大众创业万众创新支撑平台的指导意见》（国发〔2015〕53号）——系统阐述众创众包众扶众筹等“双创”支撑平台的本质和内涵。2017年，国家发改委牵头起草了《关于强化实施创新驱动发展战略进一步推进大众创业万众创新深入发展的意见》（国发〔2017〕37号）——阐述关于创新创业最新的政策举措。

二是推进“双创”示范基地建设。2016年，国家发改委起草了《关于建设大众创业万众创新示范基地的实施意见》（国办发〔2016〕35号），确定了首批28家示范基地。2017年，国家发改委发布了《关于建设第二批大众创业万众创新示范基地的实施意见》（国办发〔2017〕54号），确定了第二批92家示范基地，两批示范基地共120家。基地作为创新创业平台，发挥了创新创业的支撑作用，对各地创新创业发挥标杆引领和示范带动作用，能够形成一批可复制可推广的创新创业经验并向全社会推广。

三是推动设立国家新兴产业创业投资引导基金。国家发展改革委会同相关部门设立了国家新兴产业创业投资引导基金。该引导基金按照市场化模式运营并已投入实质运作，截至目前，引导基金总规模已达760亿元，有上百只创投基金正式确定被参股，已服务上千家企业。

## 二、把“双创”文化载体找出来

创新创业精神不是推进“双创”才有的，企业家精神就是“双创”的文化载体之一，发展市场经济，企业家是创新创业的中坚力量，企业家对寻求新技术、开发新产品、创造新模式有天然动力，是市场经济的稀缺资源。改革开放以来，随着市场经济的发育，大量的企业家涌现出来，在“互联网+”领域中国企业力量崛起，已经成为不争的事实，“双创”推进三年来产生了71家独角兽企业。近年来，在良好政策预期下，每年新增市场主体数超千万，企业家精神是创新创业精神的典型代表。在产业提质增效的转型发展时期，工匠精神很关键，工匠精神也是“双创”文化的重要组成部分。文化是“活”的，它是社会与经济发展中很多成功人士身上所具有的特质，需要挖掘和再次发现，在企业家身上挖掘洞察机会、把握未来、组合资源、承担风险的精神，在大国工匠中找到踏实、精益求精而达到至高境界的那批人，让社会大众对他们产生熟悉感、亲切感，进而让年轻人愿意以他们为榜样，“双创”的文化氛围就形成了。

### 营造良好的“双创”氛围，打造空间与平台

按照国务院的要求，国家发展改革委会同中国科协等部门，推

动设立了全国“双创”活动周，在每年秋天举办。2015年“双创”活动周主会场在北京中关村，2016年在深圳创业湾，2017年在上海杨浦区。“双创”周除了主会场外，各省份和主要城市也办“双创”周分会场。

2016年创响中国活动拉开序幕，由全国首批17个“双创”区域示范基地所在省份或地方政府主办，2017年“创响中国”落户30个左右城市。“创响中国”主要包括“五个一”系列活动——一次政策宣讲、一次创业培训、一次创业沙龙、一次创意设计和一场自选活动。随着“双创”周、“创响中国”活动的不断推进，各部门和地方政府组织的创业大赛超过6000场，营造了良好的全社会创新创业氛围。

## 三、把创业勇气引导出来

中国有近8亿劳动人口，知识分子、科技人员8000万人，他们身上蕴含着创新的基因，如何激发出他们的活力，让他们参与创新，通过创新和创业的结合，把潜在的生产力换成现实的生产力需要资源对接、技能提升、平台服务，但最重要的是要焕发出他们内在的勇气和斗志，让科技改变世界，让世界更美好的精神特质是硅谷文化的重要组成部分，只有科技人员有了创业者的初心，只要条件具备都可能得到很好的展现和爆发。不仅是科技人员，大学生也是潜在创业者，在高等教育和职业教育体系中加入创业培训课程，搭建校企合作平台，鼓励青年人创新创业，不仅在短期内可以提供更多高质量创业岗位，假以时日经过创业大潮洗礼的一代人成长为就业主力军，对整体劳动者的素质也会产生巨大的提升作用。“双创”政策支持有想法的农民工返乡创业也取得了突出的成果，把在不同人群中所蕴含的创新精神和创业勇气引导出来，对于建设创新型国家意义重大。

### 年轻群体创业方兴未艾

据有关部门统计，2016 年大学生占青年创业群体的 16%，毕业五年内的大学生是创业主体，占 81%，大学生创业增长率高于同龄其他创业群体 1.7%。在大学生中本专科是创业主力，超过 90%，研究生创业增长率变化最快，年增长 1 倍左右。年轻群体创业从空间上呈现出两大特征，一是东部创业占比超过四成，二是返乡创业成为新热点，农村电商和乡村旅游成为年轻人返乡创业的主要业态。

## 四、把创业人才和经验引进来

西方发达国家在市场经济的经验方面，在创新创业的培训方面有很多值得我们借鉴的经验，国内的留学生创业园发展也反映出经过留学历练的人创业成功的概率更高，留学归国人员创业高层次特征明显。截至 2015 年底，全国共建成留学人员创业园 321 个，入园企业总数 2.4 万家，6.7 万名留学回国人员在园区创业。实施高层次留学人才回国资助、留学人员回国创业启动支持计划、留学人员科技活动项目择优资助、海外赤子为国服务行动计划等人才项目，截至 2016 年上半年，“千人计划” 分十二批共引进 5823 名海外高层次人才回国创新创业。所以把高端人才、经验、先进理念，包括一些机构引进来，不仅能让创新和创业文化深深地扎根，还能快速提升创业水平。

## 五、让一批创业者、创业服务机构、活动品牌树立起来

榜样的作用是无穷的，自李克强总理2014年在夏季达沃斯论坛上提出“大众创业万众创新”这一概念后，2015年、2016年“双创”成为政府工作的重要抓手，为青年人站台，为创业者搭台，给创新者舞台，厚植“双创”文化氛围，已经开展了大量的活动，包括“双创”周的举办，各级各类的创业大赛，创业人物的评选，众创空间的国家认定，试点示范基地、城市的认定等，吸引了大量的年轻人、市场服务机构、园区和政府投身创新创业工作，要有品牌意识和运维意识，让一批创业者、创业服务机构、大型活动成为品牌，形成良好的市场氛围和可持续发展模式，让创业者更有面子，让创业者更有收益，让创业者更有成就，“双创”文化就更能深入人心。

### 国家“双创”示范基地名单

一、区域示范基地（62个，首批17个）

北京市海淀区、天津市滨海新区中心商务区、辽宁省沈阳市浑南区、上海市杨浦区、江苏省常州市武进区、浙江省杭州市余杭区浙江杭州未来科技城、安徽省合肥高新技术产业开发区、福建福州新区、河南省郑州航空港经济综合实验区、湖北省武汉东湖新技术开发区、湖南湘江新区、广东省广州高新技术产业开发区科学城园区、广东省深圳市南山区、重庆两江新区、四川省成都市郫县、贵州贵安新区、陕西西咸新区。

北京市顺义区、天津滨海高新技术产业开发区、河北省保定国家高新技术产业开发区、山西转型综合改革示范区学府产业园区、

内蒙古自治区包头稀土高新技术产业开发区、辽宁省大连高新技术产业园区、辽宁省鞍山高新技术产业开发区、吉林长春新区、黑龙江哈尔滨新区、上海市徐汇区、江苏省南京市雨花台区、浙江省杭州经济技术开发区、浙江省宁波市鄞州区、浙江省嘉兴南湖高新技术产业园区、安徽省芜湖高新技术产业开发区、福建省厦门火炬高技术产业开发区、福建省泉州市丰泽区、江西赣江新区、山东省青岛高新技术产业开发区、山东省淄博市张店区、山东省威海火炬高技术产业开发区、河南省许昌市城乡一体化示范区、河南省鹿邑县、湖北省武汉市江岸区、湖北省荆门高新技术产业开发区、湖北省黄冈市罗田县、湖南省湘潭高新技术产业开发区、广东省深圳市福田区、广东省汕头华侨经济文化合作试验区、广东省中山火炬高技术产业开发区、广西壮族自治区南宁高新技术产业开发区、海南省海口国家高新技术产业开发区、重庆市永川区、四川天府新区、四川省巴中市平昌县、贵州省贵阳高新技术产业开发区、贵州省遵义市汇川区、云南省昆明经济技术开发区、西藏自治区拉萨市柳梧新区、陕西省杨凌农业高新技术产业示范区、甘肃省兰州市城关区、青海省青海国家高新技术产业开发区、宁夏回族自治区银川经济技术开发区、新疆维吾尔自治区乌鲁木齐高新技术产业开发区、新疆生产建设兵团石河子高新技术产业开发区

二、高校和科研院所示范基地（30个，首批4个）

清华大学、上海交通大学、南京大学、四川大学。

北京大学、河北农业大学、吉林大学、哈尔滨工业大学、复旦大学、上海科技大学、南京理工大学、南京工业职业技术学院、浙江大学、山东大学、武汉大学、华中科技大学、中南大学、华南理工大学、西安电子科技大学、中国信息通信研究院、国家工业信息

安全发展研究中心、中国科学院计算技术研究所、中国科学院大连化学物理研究所、中国科学院长春光学精密机械与物理研究所、中国科学院上海微系统与信息技术研究所、中国科学院苏州纳米技术与纳米仿生研究所、中国科学院宁波材料技术与工程研究所、中国科学院合肥物质科学研究院、中国科学院深圳先进技术研究院、中国科学院西安光学精密机械研究所。

三、企业示范基地（30个，首批7个）

中国电信集团公司、中国航天科工集团公司、招商局集团有限公司、海尔集团公司、中信重工机械股份有限公司、共享装备股份有限公司、阿里巴巴集团。

中国航空工业集团公司、中国船舶重工集团公司、中国电子科技集团公司、国家电网公司、中国移动通信集团公司、中国电子信息产业集团有限公司、中国宝武钢铁集团有限公司、中国钢研科技集团有限公司、北京有色金属研究总院、中国普天信息产业集团公司、三一重工股份有限公司、北京百度网讯科技有限公司、长春国信现代农业科技发展股份有限公司、万向集团公司、合肥荣事达电子电器集团有限公司、浪潮集团有限公司、迪尚集团有限公司、深圳市腾讯计算机系统有限公司、重庆猪八戒网络有限公司、四川长虹电子控股集团有限公司、新希望集团有限公司。

# 参考文献


[1] 李克强:《从供需两端加大结构性改革力度》,《中国证券报》2015 年 12 月 4 日。

[2] 苗圩:《弘扬工匠精神 打造中国制造新名片》,《求是》2016 年第 17 期。

[3] 王一鸣等:《正确理解供给侧结构性改革》,《人民日报》2016 年 3 月 29 日。

[4] 中共中央文献研究室编:《习近平总书记重要讲话文章选编》,中央文献出版社、党建读物出版社 2016 年版。

[5] 国务院:《"十三五"国家科技创新规划》(国发〔2016〕43 号)2016 年 7 月 28 日。

[6] 中华人民共和国科学技术部:《"十三五"国家科技创新规划》,2016 年 7 月。

[7]《供给侧结构性改革到底是什么?》,《人民日报》2015 年 12 月 1 日。

[8] 国家发展和改革委员会:《〈中华人民共和国国民经济和社会发展第十三个五年规划纲要〉辅导读本》,人民出版社 2016 年版。

[9] 国家发展和改革委员会高技术产业司、中国信息通信研究院:《大融合 大变革 国务院关于积极推进"互联网+"行动的指导意见解读》,中共中央党校出版社 2015 年版。

［10］国家发改委：《2016 年中国大众创业万众创新发展报告》，人民出版社 2017 年版。

［11］王昌林：《大众创业万众创新的理论和现实意义》，《经济日报》2015 年 12 月 31 日。

［12］王昌林：《三个层面营造创业生态系统》，《中国经济导报》2016 年 12 月 10 日。

［13］王昌林等：《“双创”正处于黄金发展时期》，《第一财经日报》2016 年 7 月 27 日。

［14］王昌林、姜江等：《大国崛起与科技创新——英国、德国、美国和日本的经验与启示》，《全球化》2015 年第 9 期。

［15］马晓河：《把握供给侧结构性改革的关键》，《人民日报》2015 年 12 月 1 日。

［16］罗蓉：《“双创”示范基地倍增意义深远》，《经济日报》2017 年 6 月 28 日。

［17］罗蓉：《三岁了，创新与创业的历史性“握手”》，国宏高端智库，2017 年 10 月 20 日。

［18］刘国艳：《创业创新浪潮汹涌》，《中国人力资源社会保障》2017 年 10 月。

［19］刘国艳：《当前支持双创税收优惠政策执行情况与建议》，《中国经贸导刊》2017 年 8 月下。

［20］刘国艳：《推进四众平台建设，构建双创支撑体系》，《中国改革报》2015 年 10 月 12 日。

［21］姜江、韩祺：《“十三五”时期我国创新驱动发展的思路与任务》，《全球化》2016 年第 9 期。

［22］邱灵、姜江：《客观看待我国首次跻身全球创新 25 强》，

《宏观经济管理》2017年第1期。

[23] 盛朝迅:《如何推动双创与产业升级融合发展》,《经济日报》2017年11月17日。

[24] 盛朝迅:《新常态下产业新增长点发展的三种路径及培育策略》,《中国发展观察》2015年第12期。

[25] 盛朝迅等:《重点领域改革节点研判:供给侧与需求侧》,《改革》2016年第1期。

[26] 盛朝迅:《推动“双创”向生产领域纵深发展》,《中国发展观察》2016年第9期。

[27] 盛朝迅:《迎接“双创2.0”时代》,国宏高端智库,2017年10月12日。

[28] 吴有红:《创业投资蓬勃发展支撑“双创”持续深入发展》,国宏高端智库,2017年5月9日。

[29] 蒋同明、韩琪:《为什么上海出不了“阿里巴巴”和“华为”?》,国宏高端智库,2016年7月14日。

[30] 蒋同明:《深化科技体制改革 激发万众创新活力》,《宏观经济管理》2015年 第10期。

[31] 蒋同明:《“大众创业万众创新”进入3. 0生态系统时代》,《中国经贸导刊》2017年第4期。

[32] 国家发改委宏观经济研究院双创课题组:《双创景气指数显示:2016年创新创业发展呈现量增质优特征》,《中国经贸导刊》2017年第16期。

[33] 贺跻等:《“大众创业万众创新”“政策促进经济增长的经济学分析》,《商业经济研究》2016年第24期。

[34] 龚雪:《产业转移的动力机制与福利效应研究》,法律出版

社 2009 年版。

［35］龚雪、高长春：《国际产业转移理论综述》，《生产力研究》2009 年第 4 期。

［36］王金营、戈艳霞：《全面二孩政策实施下的中国人口发展态势》，《人口研究》2016 年第 6 期。

［37］王春超、冯大威：《企业家创业行为研究新进展》，《经济学动态》2016 年第 8 期。

［38］孙浩进：《中国产业转移的区域福利效应研究》，经济管理出版社 2013 年版。

［39］崔维军、郑伟：《中国与主要创新经济体创新能力的国际比较：基于欧盟创新指数的分析》，《中国软科学》2012 年第 2 期。

［40］王延荣、宋冬凌：《创业型经济发展的政策研究》，科学出版社 2015 年版。

［41］吴德帅、李文祥：《公民社会权利对社会阶层的影响机制研究》，《理论月刊》2012 年第 11 期。

［42］国家工商总局：《中国个体私营经济与就业关系研究报告》，2016 年。

［43］阚珂、王志刚主编：《中华人民共和国促进科技成果转化法释义》，民主法制出版社 2015 年版。

［44］中华人民共和国统计局编：《2016 年中国统计年鉴》，中国统计出版社 2016 年版。

［45］桂黄宝：《基于 GII 的全球主要经济体创新能力国际比较及启示》，《科学学与科学技术管理》2014 年第 2 期。

［46］贾楠、李胤：《中国创新指数研究》，《统计研究》2014 年第 11 期。

[47] 马名杰、石光:《创新指数国际比较与中国创新体系运行特征》,《现代产业经济》2013 年第 10 期。

[48] 宋卫国、朱迎春、徐光耀、陈钰:《国家创新指数与国际同类评价量化比较》,《中国科技论坛》2014 年第 7 期。

[49] 孙中震、田今朝:《中国等 40 个国家(或地区)创新指数的测算、比较和分析》,《中国软科学》2003 年第 1 期。

[50] 徐光耀、杨超:《全球国家创新能力评价差异分析——兼论中国创新的位置》,《科学管理研究》2014 年第 3 期。

[51] 杨武、肖俊雄、解时宇:《基于景气状态测度的国家科技创新景气指数研究——以中美日法德为例》,《科研管理》2014 年第 3 期。

[52] 赵中建、王志强:《国际视野下的创新评价指数研究》,《科学管理研究》2010 年第 6 期。

[53] 高文兵:《供给侧结构性改革呼唤创新》,《经济日报》2016 年 7 月 14 日。

[54] 黄群慧:《以供给侧结构性改革完善制造业创新生态》,《光明日报》2016 年 4 月 27 日。

[55] 贾康、苏京春:《新供给经济学》,山西经济出版社 2015 年版。

[56] 李刚、马丽梅:《创新政策体系触及的边界:由市场与政府关系观察》,《改革》2015 年第 3 期。

[57] 李佐军:《推进供给侧改革加快发展新经济》,《经济日报》2016 年 4 月 6 日。

[58] 吕岩:《健康产业:我国现代化进程中的巨大机遇和挑战》,《理论与现代化》2011 年第 1 期。

［59］莫荣：《2015 年中国就业：创新创业促进就业》，《人力资源和社会保障部国际劳动保障研究所研究报告》，2016 年。

［60］乔榛：《从生产力水平到生产力容量：一个解释经济增长的新视角》，《当代经济研究》2015 年第 12 期。

［61］芮明杰：《产业化创新推进供给侧结构改革》，《三思派》2016 年 7 月 22 日。

［62］苏波：《着力培育新的工业增长点》，《求是》2015 年第 6 期。

［63］王忠宏、来有为：《新经济增长点在孕育兴起》，《人民日报》2015 年 3 月 25 日。

［64］杨正位：《践行创新发展理念打造双创新引擎》，《人民日报》2016 年 3 月 3 日。

［65］尤权：《把创新贯彻于供给侧结构性改革全过程》，《福建日报》2016 年 3 月 5 日。

［66］赵志耘：《供给侧结构性改革的本质是促创新》，《科技日报》2016 年 7 月 4 日。

［67］朱克力：《供给侧改革引领“十三五”》，中信出版社 2016 年版。

［68］贾康：《建设创新型国家的财税政策与体制变革》，中国社会科学出版社 2011 年版。

［69］陈共：《财政学》，中国人民出版社 2015 年版。

［70］万莹：《税收经济学》，复旦大学出版社 2016 年版。

［71］许正中、张孝德：《税收经济学》，国家行政学院出版社 2005 年版。

［72］杨国政：《促进就业的税收政策》，经济科学出版社 2014

年版。

[73] 崔静静、程郁:《孵化器税收优惠政策对创新服务的激励效应》,《科学学研究》2016 年第 1 期。

[74] 顾小波:《创业投资企业投资抵减税收的政策效应分析》,《天津经济》2017 年第 3 期。

[75] 于洪、张洁:《促进科技创新的税收优惠政策研究》,《地方财政研究》2016 年第 5 期。

[76] 陈昱婧:《政府补贴对天使投资的作用分析》,《市场研究》2016 年第 4 期。

[77] 李岩:《经济发展新常态下税收政策对技术创新的影响》,《科技智囊》2015 年第 10 期。

[78] 王海勇:《激励创业投资发展的所得税政策取向》,《税务研究》2015 年第 12 期。

[79] 张佩峰:《推动我国“天使投资”发展的税收政策建议》,《税务研究》2015 年第 10 期。

[80] 陈廉:《促进小微企业发展的综合减税政策研究》,《理论导刊》2016 年第 6 期。

[81] 林汉川:《发挥财政职能 推动创新创业》,《山西财税》2015 年第 10 期。

[82] 罗天舒:《发挥税收职能作用 支持大众创业万众创新》,《中国党政干部论坛》2015 年第 11 期。

[83] 程实、罗宁:《金融与创新创业国家战略》,《金融论坛》2015 年第 7 期。

[84] 李艳:《金融支持科技创新的国际经验与政策建议》,《西南金融》2017 年第 4 期。

[85] 李佩珈、高玉伟:《建立科技创新金融支持体系》,《中国金融》2016 年第 5 期。

[86] 张岭、张胜:《创新驱动发展战略的金融支持体系》,《西安交通大学学报(社会科学版)》2015 年第 11 期。

[87] 张陆洋:《风险投资促进创业创新机制分析》,《先锋》2015 年第 7 期。

[88] 赵刚、林源园:《金融支持科技创新的国际经验与借鉴》,《中国金融》2012 年第 23 期。

[89] McKinsey Global Institute. *Disruptive Technologies: Advances that will transform life*, business, and the global economy, May 2013.

[90] *National Economic Council and Office of Science and Technology Policy*, A Strategy for American Innovation, October, 2015.

[91] Robert G. King & Rose Levine: *Finance, entrepreneurship and growth: Theory and evidence*, The Quarterly Journal of Economics, Vol. 108, No. 3 (Aug, 1993).

[92] The American Congress: *Economic Report of The President*, February 2016.